유 쾌 한
스포츠 심리학

유 쾌 한
스포츠 **심리학**

| 초판 인쇄 2009년 9월 04일 | 초판 발행 2009년 9월 15일 | 지은이 임철호 | 펴낸이 임
용호 | 편집 김인현 | 영업 이동호 | 디자인 M design | 펴낸곳 도서출판 종문화사 | 인쇄
(주)금명문화 | 제본 (주)금명문화 | 출판 등록 1997년 4월 1일 제22-392 | 주소 서울시
마포구 서교동 474-27 2층 | 전화 02)735-6893 | 팩스 02)735-6892 | E-mail
jongmhs@hanmail. net | 값 13,000원 | ⓒ 2009 Jong Munhwasa printed in
korea | ISBN 978-89-87444-80-2-03180 | 잘못된 책은 바꾸어 드립니다.
※ 본문 사진을 제공하신 이재유 사범님과 장인혁 사범님께 감사드립니다.

Sport Psychology

유쾌한 스포츠 심리학

임 철 호 지음

종문화사

들어가는 글

이 책은 이론적인 학술 서적이 아니다. 약 20년간 다양한 스포츠 현장에서 경험하고 느낀 상식적 체험을 일반인의 시각과 체계적이고 과학적 논리로 설명하고자 하였다.

검도에 입문한 세월이 어느새 19년이 지났다. '10년이면 강산도 변한다'는데 조금 후면 강산이 두 번 변하는 긴 시간이 흘러간다. 거의 매일 검도를 수련하면서 걸어온 시간을 돌이켜보면 아직도 검도에 입문하던 삼십 대 초반처럼 마음은 청춘이다. 그러나 '세월여류歲月如流'라 했던가, 세월은 흐르는 물처럼 너무도 빠르게 변했다.

1년을 하루같이 검도를 수행해온 나에게 19년이라는 시간은 그다지 길게 느껴지지 않는다. 참으로 검도의 길道에는 모질고 거센 세상의 풍파를 극복하는 힘이 있는 것 같다.

검도에 대한 나의 열정은 여러 차례 검도대회의 참가로 이어졌으며 수많은 희비극을 연출하면서 지금까지도 계속되고 있다. 단체 경기를 비롯하여 개인 경기에서도 많은 우승을 일구어 냈지만 실패한 대회가 훨씬 더 많았다. 그러나 지금까지 참가한 수많은 경기 결과를 되돌아보면서 언제나 감성적인 느낌과 말로 시합 반성을 했다. 그래서 정말 힘들고 어렵게 수행했던 소중한 경험을 일회적인 혹은 일시적인 사건으로 지나쳤다.

지금은 무한경쟁시대이다. 사회뿐 아니라 스포츠도 끝없는 경쟁의 세계로 진입하였다. 그러므로 경기에 임하는 선수와 지도자들이 여전히 스포츠 현장에서 '열심히!', '최선을 다하여!', '힘내!' 등 감성적인 정신력과 추상적 언어 지도에 의지하고 있다면 무한경쟁에서 결코 승리할 수 없다. 지도자와 선수들은 더욱 과학적이고 체계적인 지식을 바탕으로 지도하고 연습해야 한다.

나는 부산 동아대학교 스포츠과학대학에 입학하여 스포츠 심리학을 전공하였다. 그러면서 검도대회에 출전하여 스포츠 심리의 과학적 지식을 현장에서 적용하고 응용함으로써 3번의 대회 참가에서 모두 개인우승이라는 성과를 얻었다. 그러나 3번의 우승도 소중한 경험이지만 무엇보다도 경기 과정에서, 그리고 경기 후 감성적인 만족이나 후회보다는 경기 경험에서 얻은 교훈을 과학적인 시합 반성과 미래 경기를 체계적으로 준비할 수 있어 성패에 관계없이 더욱 중요한 학습으로 오랫동안 신체에 축적되었다.

내가 스포츠 심리학을 전공하게 된 사연이다.

2003년 한국사회인검도대회를 참가했을 때다. 2차전 경기를 마치고 휴식을 취하면서 다음 경기를 기다리고 있던 그때 내가 앉아있던 자리엔 책 한 권이 놓여 있었다. 책의 내용이 너무 재미있어서 정신없이 읽다가 경기 시간을 잊고 말았다. 얼마나 지났을까. 동료가 뛰어와 내 순서가 되었음을 알려주어서야 시간이 오래 지났음을 깨달았다. 나는 곧장 장비를 착용하고 시합에 들어갔다. 좀처럼 승부가 나지 않는 시합이었다. 연장에 연장을 거듭한 후에야 아쉽게 손목을 내주고 나는 그날

시합에서 패했다. 나에게 힘겨운 승리를 한 상대 선수는 그 대회에서 개인 우승을 차지했다. 그날 경기는 비록 패했지만 후회 없는 경험이었다. 항상 불안하고 긴장된 경쟁 심리를 안고 검도 경기를 하였는데, 그날 처음으로 안정되고 냉정한 각성상태에서 나는 모든 기량을 최대한 발휘할 수 있었다. 그리고 패배에 대하여, 한 점의 아쉬움도 남지 않았다.

대회를 마치고 부산으로 돌아가면서 경기에 패하고도 만족스러운 이유가 무엇인지, 곰곰이 생각했다. 그동안 참가한 수많은 경기에서 느껴보지 못한 경험이었다. 다른 경기와 차이점이라면 경기 전에 책을 읽은 것뿐이었다. 결국, 귀향하는 긴 시간 동안 내 화두는 '독서가 경기 수행에 어떤 영향을 미쳤는가?' 였다. 그리고 다음 대회부터 경기 전에 재미있는 책을 읽으면서 마음에 안정을 찾는 버릇이 생겼다. 이런 습관을 통해 스스로 초조하고 스트레스를 받는 부정심리를, 편안하고 안정된 심리상태에서 경기를 실행했을 때 긍정적인 경기 결과를 얻는다는 사실을 발견했다.

나는 이 경쟁 심리상태를 단순히 경험한 지식이 아니라 더 이론적이고 과학적인 학문의 체계를 세우기 위해 동아대학교 스포츠과학대학에 입학했다. 그곳에서 스포츠 심리학을 지도하시는 박준동 학장님과 하형주 교수님 두 분과 인연을 맺게 되었다.

국제대회에 참가하는 선수들은 경기에서 자신들의 기량을 최대로 발휘하여 최고의 결과를 얻으려고 스포츠 심리기술을 적극적으로 활용하고 있다. 세계적인 수영선수로 거듭난 박태환은 경기 직전까지 자신이 좋아하는 음악을 들으면서 마음을 안정시킨다. '미녀새' 라 불리

는 러시아의 장대높이뛰기 선수 옐레나 이신바예바는 자신에게 자신감을 주려고 최면을 걸 듯 중얼거리거나 주의집중을 위해 담요를 뒤집어 쓰기도 한다. 세계 최강을 자랑하는 우리나라의 양궁선수들은 절대적인 평정심平靜心을 잃지 않으려고 깊은 호수처럼 잔잔한 마음을 유지하려고 애쓴다. 그리고 우리의 자랑스러운 딸 장미란은 단숨에 무거운 바벨을 들려고 최고의 각성상태를 유지하려고 힘쓴다. 그러나 스포츠 심리기술은 소수의 엘리트 선수들만이 독점하여 사용하는 과학지식이 되어서는 안 된다. 대중들의 스포츠 현장에도 심리기술을 보편화시켜서 일반 스포츠 동호인들 역시 수준 높은 운동 경기를 즐길 수 있어야 한다. 그래야만 스포츠 심리기술이 스포츠 현장에서 활발하게 전파, 응용되고 그것을 통해 스포츠가 발전하며 스포츠 심리학의 학문적 가치도 높아질 것이다.

이 지면을 통해 스포츠 심리학의 연구에 지도와 조언을 아끼지 않으시는 동아대학교 스포츠과학대학 박준동 학장님과 하형주 교수님께 감사를 드린다. 용어 문제를 교정해 주신 유점기(대한검도회 사무국장)님께 감사드립니다.

첫 검도대회부터 19년간 수많은 대회에 동행하여 소중한 기록을 남겼으며 위로와 조언을 아끼지 않은 나의 아내에게도 따뜻한 애정을 보낸다.

2009년 7월

임 철 호

추 / 천 / 사

스포츠 심리학이 선수들의 경기력을 향상시키는 데 중요한 역할을 한다는 것은 이미 스포츠 현장에서 선수들뿐만 아니라 지도자들에 의하여 체험적으로 증명되고 있다. 실제로 외국의 유명 프로선수들은 스포츠 심리학자들과 최고의 경기력 향상을 위해 친밀한 관계를 맺는다. 특히 선수들의 경기력 극대화와 경기의 승패는 기술과 체력보다는 대회 환경에 따라 다양하게 달라지는 심리적 상태의 조절 능력에 달렸다고 볼 수 있다.

1987년 미국심리학회APA에서 독자적인 학문 영역으로 인정되면서 많은 학자에 의해 스포츠 심리학의 지식을 체계적으로 연구하는 것도 중요하지만 창출된 이론이나 지식을 선수뿐만 아니라 생활체육에 참가하는 일반인에게도 이러한 지식을 쉽게 이해시키고 적극적으로 스포츠 현장에 제공하는 것이 중요하다고 주장하고 있다. 스포츠 심리의 현장 활용을 통하여 보다 효율적으로 즐길 수 있으며 경기에서도 긍정적인 결과를 얻을 수 있다. 그리고 더 큰 자신감으로 스포츠 자체를 유쾌한 마음으로 수행할 수 있을 것이다.

『유쾌한 스포츠 심리학』의 저자 임철호 선생은 스포츠 심리학을 연구하는 학자이다. 동시에 스포츠를 수행하는 검도선수 생활에

서 스포츠 심리학 이론과 지식을 현장에 실험하고 적용하여 괄목할만한 결과를 얻었으며 그 연구의 성과를 확인했다. 그는 글을 통하여 경기 현장에서 불안한 심리적인 내면세계를 극복하는 모습과 부정적인 심리를 심도 있고 솔직하게 서술하였다. 또한, 스포츠 심리학의 전문성을 일반인에게 쉽게 이해시키기 위해 일상 언어를 사용하여 스포츠 참여에서 누구나 명쾌하고 긍정적인 결과를 얻을 수 있도록 제시하였다.

'스포츠현장에서 선수 개인에게 발생하는 심리적 상태를 어떻게 이해하고 극복하느냐?'의 인식은 일반인에게도 현재 상태를 파악하고 미래를 예측하여 효과적인 계획을 수립할 수 있는 학습 동기가 된다.

대중들은 스포츠현장에서 발생하는 경쟁상태의 난해한 일상적인 경험을 일회적이고 우연적 사실들로 흘러버리기 쉽다. 그러나 이 책은 이러한 상식적 체험들을 의미 있게 엮어주고 풀어주면서 우리에게 스포츠 심리학의 중요성이 더욱 명료하게 다가오게 한다. 해석에서 임철호 선생의 개인적인 운동 수행에 대한 주관적 주장처럼 보이지만 현장 경험과 체험의 생생한 설명은 학문적이고 과학적인 논거에 의존하고 있으며 스포츠 심리학의 분야에 중요하고 신선한 시각을 제공하고 있다.

따라서 현대인의 생활에서 스포츠 활동은 단순히 여가의 차원을 넘어 삶의 질을 향상시키는 문화로 정착하는 오늘날 누구나 쉽게 접근할 수 있도록 스포츠심리를 흥미롭게 해석한 『유쾌한 스포츠 심리학』은 소중한 가치이다.

2009년 7월
하 형 주 동아대학교 교수

Contents

Sport Psychology

스포츠
심리학의
정의

스포츠 심리학이란

Sport Psychology

스포츠 심리학^{sport psychology}이란 스포츠 상황에서 인간의 심리와 운동 수행의 상호관계를 체계적으로 연구하는 학문이다. 선수들의 심리가 운동 수행에 미치는 영향을 연구하고 인간의 도덕성, 정신력, 정서에 미치는 교육적 효과를 알아내는 것을 목적으로 하는 학문인 것이다. 하지만 랜덜^{Landers(1983)}은 '많은 심리학 이론과 지식이 실험실 상태에서 운동을 대상으로 탐구되고 검증되었기 때문에 이 연구 결과들은 급격히 변화하는 스포츠 현장이나 다양한 성격을 가진 선수들에게 일률적으로 적용시키는 것은 상당한 문제가 있다'고 주장했다.

　그런 주장이 있었음에도 많은 학자들에 의해 스포츠 심리기술에 대한 현장연구의 필요성은 꾸준히 제기되어 왔다. 특히 1986년 응용스포츠심리학회 Association for the advancement of applied sport psychology:AAASP가 설립되면서 스포츠 현장연구에 대한 관심이 더욱 높아졌다. 최근에 와서 스포츠 심리학은 체계적이고 과학적인 학문으로 당당히 인정받고 있다.

　미국에서는 1987년 스포츠 심리학이 미국심리학회 APA에서 47번째로 분과되면서 선수들의 경쟁 심리적 특성을 파악하고 경기력 극대화를 위한 불안, 스트레스 대처전략, 각성 촉진, 바이오피드백 biofeedback 기기와 같은 경쟁 심리상태 측정기구 개발 등 다양한 연구활동을 펼치는 하나의 학문으로 당당히 자리를 잡았다.

　와인버그 Weinberg와 고울드 Gould(1995)는 스포츠 심리학자들에게 스포츠 심리학의 지식을 창출하거나 그 이론들을 체계적으로 검증하는 과학적 연구활동을 제시하였다. 특히 스포츠 현장에서 스포츠 심리학의 지식을 실용적으로 적용할 뿐만 아니라 일반 대중들에게도 이러한 지식을 제공하는 역할을 강조하였다. 현대의 스포츠 경기에서 지도자와 선수들은 경기력을 극대화하기 위해 체력과 스포츠 기술의 과학화뿐 아니라 스포츠 심리학의 지식과 이론을 현장에 적용하려는 높은 관심을 보이고 있다.

　포스트 Foster와 포터 Porter(1986)는 '선수들이 운동 경기에서 자신들의 잠재적인 경기력을 충분히 발휘하기 위하여 최소 50%는 스포츠 심리에 의해 좌우되며, 골프나 테니스, 피겨스케이팅 등과 같이 섬세한 감각과 정서를 요구하는 운동 종목의 승패는 80~90% 정도가 심리적 조절에 의해 결정된다.'고 주장하였다. 특히 활동적인 대근육의 사용보다는 예민한 소근육의 활동으로 움직임이 거의 없이 심리적 안정을 엄격하게 요구하는 사격, 양궁 등과 같은 폐쇄 종목을 수행하는 선수들은 경기 상황에서 경험하는 심리적인 요인불안, 스트레스, 긴장, 집중력, 적절한 각성 등에 의해 절대적으로 승패에 영향을 받는다.

대부분의 스포츠 선수들은 경쟁적인 경기 상황에서 과도한 불안이나 긴장감을 자주 경험한다. 하지만 지속적인 심리기술훈련을 통해 부정적인 경쟁심리를 적절히 조정할 수 있다면 평소에 열심히 수련한 자신들의 스포츠 기량과 잠재적인 능력을 극대화 할 수 있다. 선수들은 경기 상황에서 발생하는 자신의 심리적인 문제를 효과적으로 대처하지 못한다면 뛰어난 체력이나 높은 수준의 기술을 가지고 있지만, 경기에서 부정적인 결과를 만들 수 있다. 그러나 스포츠 심리기술을 효과적으로 발휘하는 선수는 비슷한 실력이나 자신보다 더 우수한 상대를 대적하면서도 경기를 승리로 이끄는 경우가 자주 있다. 특히 엘리트 선수들은 지속적으로 체력과 기술에 대한 훈련을 받기 때문에 상호 유사한 체격, 체력, 신체 기술보다는 경쟁 심리 조절 능력이 뛰어나면 시합에서 충분히 자신의 기량을 잘 발휘할 수 있다고 할 수 있다.

현대는 과학적 지식이 급격히 발전하여 선수들의 체력 훈련과 경기 기술이 거의 표준화 되었다. 그러므로 지도자와 선수들은 스포츠 경기에서 잠재적인 스포츠 기량을 충분히 발휘하고 경기력을 극대화 하기 위해 스포츠 경쟁심리의 깊은 연구와 현장 적용의 다양한 가능 성을 위해 더 많은 연구를 해야 한다.

스포츠 심리학의 연구

추동 이론 Drive theory

01

- 군 시절의 축구, 선불로 맞은 몽둥이 찜질
- 너무 지나친 것은 부족한 것만 못하다

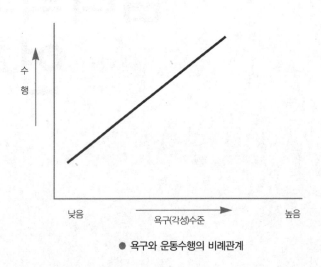

● 욕구와 운동수행의 비례관계

추동 이론은 훌Hull에 의해 최초로 주장되었다. 욕구 이론이라는 다른 이름에서도 그 의미를 알 수 있다.

1960년대 심리학자들은 '선수들이 스포츠 수행에서 경기 의욕각성이 높아질수록 경기력이 상승하여 긍정적인 경기결과를 성취할 수 있다.'는 이론을 제시하였다. 이러한 주장은 스포츠 경쟁 상태에서 승리에 대한 욕구와 운동 수행을 비례적인 상관관계로 본다는 것이다. 그러므로 선수들이 경기에 대한 정신력, 의욕, 승부욕이 강하면 강할수록 이와 비례하여 경기력도 향상될 수 있다. 이 추동 이론은 우리에게 가장 친숙하고 오래된 전통적인 스포츠 심리기술이다. 특히 경기 현장에서 코치나 지도자들이 보편적으로 스포츠 수행을 향상시키기 위해 선수들에게 적극적으로 요구하거나 선수 자신들도 반드시 갖추어야 하는 기본적인 정신무장이다.

　나는 지금도 군대에서 축구를 했던 30년 전 기억이 생생하게 남아있다.

　1980년 논산훈련소에 입대하여 긴장되고 힘든 신병교육훈련을 받았다. 정신과 육체를 피곤하게 만들었던 훈련을 마치고 나니 군 생활이 모두 끝난 것만 같았다. 기본 교육을 마치고 설레임과 불안을 안고 배치받은 곳은 대전에 있는 모 부대였다. 한밤중에 부대에 도착해서 중대장에게 전입신고를 마치고 나니 앞이 캄캄했다. 그러나 낯선 환경 낯선 사람들에 대한 두려움에 떠는 나를 다정하게 감싸준 것은 선임들이었다. 선임들의 성대한 환영식을 받고 보니 그들이 가족 같고 형제 같았다. 사람 좋아 보이는 선임들 덕분에 내 군 생활은 편안할 것 같은 예감이 들었다. 실제로도 그랬다. 그 축구 사건이 일어나기 한 달 전까지는.

　배치 받은 부대는 편안하고 안락한 곳이었다. 군대라는 사실이 믿어지지 않을 만큼 지루하고 여유로웠다. 거의 매일 먹고, 놀고, 텔레비전 보고, 푹 잤다. 집에서도 누려보지 못한 편안함의 연속이었다.

사회에서 이야기로만 듣던 숨 막히는 군생활이 거짓말 같았다.

그러던 어느 날 중대 전체를 술렁이게 하는 사건이 발생했다. 중대 체육대회를 일주일 앞둔 것이다. 중대장은 축구에서 1등 하는 소대를 1주일 동안 집에 갈 수 있게 휴가증을 주겠다는 충격선언을 했다. 휴가라는 말 한마디에 중대 전체가 긴장하기 시작했다. 휴가독이 오른 고참들은 시합에 나갈 선수들을 뽑아 따로 연습을 시키기 시작했다.

평소 스포츠를 좋아하던 내가 군에 입대하여 처음으로 맞이하는 체육대회였다. 체육대회는 재미있게 놀이하는 즐거운 잔치였다. 군대에서도 마찬가지일 것이라 여겼다. 그러나 군대 체육대회는 즐겁고 재미있는 취미 활동으로만 끝나는 것이 아니었다. 군사훈련의 목적을 가졌던 그리스, 로마 시대의 스포츠처럼 준군사훈련의 개념으로 인식되고 있었다. 상대방과의 승패를 결정짓는 것 이상의 의미가 있었다. 게다가 휴가증까지 걸린 일이었으니.

군대의 경우 경기에서 얻은 승리의 기쁨보다 패배에 대한 좌절감에 훨씬 더 민감하게 반응했다. 특히 단체 경기의 최고봉인 축구는 여러 선수가 출전하여 선임의 지휘에 따라 전술과 전략을 세워 경기하는 가상전투였다. 그래서 전투축구라고 불릴 만큼 체육대회에서 가장 비중이 큰 종목이었다.

내가 소속된 3소대는 1, 2차전을 승리로 이끌면서 결승전에 진출했다. 1소대와의 결승전만 남아 있었다. 몇 번의 경기에서 이겨본 경험이 있었던 우리 소대는 이미 우승을 한 듯 들떠 있었다. 그런데 시합을 앞두고 문제가 발생했다. 한 선수가 부상을 당했던 것이다.

감독을 맡은 고참 병장이 나에게 다가왔다. 부상당한 선수 대신 결승전을 뛰라는 것이었다. 감격스러웠다. 이렇게 중요한 경기에 최고 졸병인 내게 기회를 준 것이다. 내 실력을 보여줄 생각을 하니 가슴이 설레었다. 군대는 내게 즐거운 기회의 집단이라는 생각이 들었다. 그런데 경기 시작 30분을 남기고 감독을 맡은 병장이 나를 비롯하여 3명의 졸병 선수를 구석진 곳으로 데리고 갔다. 사려 깊은 고참이 우리에게 비밀스러운 특수 작전을 지시하리라 생각하면서 자부심과 흥분된 마음을 안고 따라갔다. 그런데 그곳에선 뜻밖의 일이 벌어졌다. 병장은 경기 전 불굴의 정신력을 심어준다는 명분으로 우리에게 몽둥이찜질을 가한 것이다. 엉덩이가 불이 나도록 맞았다. 병장은 꽤 많은 몽둥이질을 가하고 나서 경고의 말을 내뱉었다.

"너희 오늘 경기에서 지면 죽을 각오를 해!"

구석진 건물 뒤에서 선임으로부터 몽둥이질을 당하는 그 순간 앞으로 전개되는 군 생활에 대한 낭만은 산산이 부서졌다. 그동안의 안락함이 단지 꿈이었다는 생각과 함께 불길한 예감이 머릿속을 스치고 지나갔다.

두려움이 엄습해 왔다. 우리는 아픈 엉덩이를 쓰다듬으면서 결승 경기에 참가했다.

사회에선 그렇게 즐거웠던 축구가 이날은 공포로 다가왔다. 공을 놓치면 '반죽음'이라는 극도의 긴장감과 불안감이 몰려왔다. 경기가 눈에 들어오지 않았다. 축구를 하는 내내 상대 선수와 공을 놓치면

군대축구 - 군인 정신을 단련한다.

안 된다는 절박함이 오히려 시야를 가렸다. 보이는 것은 흰 공과 무
서운 몽둥이의 환상밖에 없었다. 경기에 지면 또 다시 몽둥이찜질을
당할 거라는 두려움이 오히려 졸병 선수들을 더 허둥거리게 하였다.
불안감이 선수들을 긴장시키면서 경기 전체의 흐름을 적절하게 판단
할 수 없게 만들었다. 오히려 주의집중력이 떨어졌다.

　시야가 좁아진 선수들은 공을 잡아도 상대편의 움직임이 전체적
으로 눈에 들어오지 않았다. 심지어 우리 편의 위치조차 제대로 파악
하지 못했다. 어디로 드리블해야 할지, 또 누구에게 패스해야 할지
몰라 허둥거렸다. 제대로 눈에 들어오는 것이 없었다. 경기 흐름을
예측하기가 어려워 공을 잡으면 당황했고 볼 처리의 동작이 원만하
지 못했다.

이 경기에서 패배하면 두려운 후환만 있을 것이라는 공포감과 부정적인 생각이 머릿속을 꽉 채웠다. 전후반 90분 동안 하늘이 노랗고 땅이 가물가물할 정도로 정신없이 뛰어다녔다. 과잉의 긴장과 두려움을 느낀 졸병 선수들은 불굴의 정신력으로 달려가거나 상대의 공격에 과감한 태클을 시도하는 단순한 동작은 효과적으로 실행되었다. 그러나 불안, 공포, 긴장 등 부정적인 경쟁 심리상태에서 몸은 경직되고 전체 경기흐름을 파악하는 주의집중의 폭이 좁아졌기 때문에 순간적인 판단력이 저하되었고 섬세하게 공을 처리하는 기술이 매우 미숙하였다. 부정적인 경쟁 심리상태^{불안, 공포, 긴장} 등로 선수들은 자신들의 평소 기량을 충분히 발휘하지 못했다.

결국, 1소대가 승리했다. 우리 소대가 1:3으로 패하면서 고참들이 그토록 고대하던 특별휴가증도 사라졌다. 이제 우리에게 남은 것은 엉덩이에 불을 뿜을 몽둥이질뿐이었다.

그날 이후 평화와 여유는 사라졌다. 냉혹한 군 생활이 본격적으로 시작된 것이다.

추동 이론은 경기에 대한 욕구. 각성의 정도가 강화될수록 운동선수들의 경기력이 더욱 상승한다는 이론이다. 그러나 경기에 대한 각성이 높을수록 긍정적인 경기결과를 얻을 수 있는 경우는 단순한 동작을 요구하는 스포츠 종목이다. 종목의 난이도와 선수의 숙련도에 따라서 적절한 욕구의 수준은 상당히 차이가 생길 수 있다.

역도, 턱걸이, 100m 달리기, 윗몸일으키기 등의 스포츠는 수행

육상 – 순간적인 파워가 요구된다.

과제가 단순하거나 순간적으로 폭발적인 에너지를 발산하므로 소근
육보다 대근육을 주로 사용한다. 이처럼 운동 수행이 단순하거나 대
근육을 많이 사용하는 종목은 교감신경의 자극으로 강력한 각성제인
아드레날린 adrenaline, 노르아드레날린 noradrenaline의 호르몬 분비를 유
발함으로써 경기에 대한 긴장이나 욕구를 강하게 촉진해 긍정적인
경기결과를 얻을 수 있다. 그러나 유도, 레슬링, 검도, 테니스 등 대
근육과 소근육의 적절한 협응력을 요구하는 스포츠 종목이나 경기
흐름이 복잡하고 여러 선수의 조화로운 팀워크를 요구하는 단체 종
목인 축구, 핸드볼, 배구, 농구, 미식축구 등의 스포츠 경기에서 과잉
의 각성과 긴장은 오히려 경기 수행에 불리할 수 있다.
　선수가 지나치게 의욕이 강하여 각성이 고조되면 마음이 한곳에
집중되고 근육이 경직되기 때문에 주의집중의 폭 시각이 좁아지고 움
직임이 둔화되면서 순발력도 떨어진다. 그리고 선수는 과잉의 각성
상태에서 상대방의 움직임이나 주변 상황을 올바르게 인식하는 판단

력뿐 아니라 유효한 기회를 파악하는 인식능력이 저하되므로 자신의
실력을 최대로 발휘할 수가 없다. 특히 신체의 움직임이 많지 않으면
서 미세한 소근육을 주로 사용하는 사격, 양궁 등 폐쇄 종목을 수행
할 때는 섬세한 주의집중과 심리적으로 완벽한 평정심平靜心을 필요로
한다. 이러한 종목에서 승리에 대해 지나치게 강한 욕구와 각성은 운
동기량을 극대화하는데 방해가 될 뿐 아니라 심한 경우 역효과를 내
기도 한다. 그러나 단순한 종목이나 기능이 숙련된 선수는 경기 수행
에 대한 욕구가 어느 정도 높을수록 긍정적인 운동 수행을 실천할 수
가 있다.

역도 경기에 경기 직전 선수의 뺨과 등을 강하게 때리거나 큰소리

장미란(베이징 올림픽 금메달)
역도 – 교감신경의 강한 자극이
요구된다.

로 고함을 치면서 선수들을 격려하는 코치의 모습을 볼 수 있다. 이러한 지도는 선수의 교감신경을 자극하여 각성과 기력을 촉진하고 경기 욕구를 힘껏 불어 넣어준다. 동시에 선수는 코치의 거친 지도에 더 열정적으로 반응하게 된다. 자신에게 주문을 걸 듯 더 높은 고함으로 기합을 넣는 것도 그런 경우다. 어떤 선수는 리듬 있는 큰소리를 지속적으로 지르면서 경기장으로 들어서기도 한다. 더욱 열정적인 코치는 장외에서도 선수에게 큰 소리로 암시를 주는 일을 그치질 않는다. 자극을 촉진해 선수의 각성을 강하게 고조시키려는 노력의 일환이다.

그러나 섬세한 주의집중, 부동심不動心과 함께 민감한 소근육의 움직임을 필요로 하는 사격이나 양궁 선수들에게 자율신경인 교감신경

박성현(베이징 올림픽 금메달) - 완전한 부동심 不動心

을 자극하여 흥분이나 과잉 각성을 유도하는 것은 운동 수행에서 역효과를 일으킨다. 그럴 때는 심신을 이완시키는 호르몬인 아세틸콜린acetylcholine을 분비하도록 부교감신경을 활성화하여 선수의 정서를 안정시켜야 더욱 긍정적인 결과를 얻어낼 수 있다. 사격이나 양궁처럼 움직임이 거의 없고 섬세한 동작을 요구하는 폐쇄 종목에서는 심신을 안정시키는 부교감신경의 아세틸콜린을 분비시켜야 하기 때문에 코치가 선수들에게 교감신경을 자극하는 지도나 행동은 절대로 하지 않는다. 특히 이런 종목의 선수들은 경기 도중에 높은 점수를 획득하더라도 과도하게 기뻐하거나 흥분하는 일은 없다.

신경계nervous system는 중추신경계central nervous system, CNS와 말초신경계peripheral nervous system, PNS로 나뉜다. 중추신경계에는 인간의 모든 사고를 담당하는 뇌가 있는 반면 말초신경계는 뇌의 지배를 직접적으로 받지 않는 자율신경계autonomic nervous system가 있다. 자율신경계는 뇌의 지배를 직접적으로 받지 않는다. 그러므로 인위적으로 제어할 수 없으며 상황에 따라서 자율적으로 작용하기도 한다. 자율신경계는 내장이나 감각기관에 분포하면서 정신적인 흥분에 영향을 많이 받는다.

또한, 호흡, 체온, 소화기계, 심장혈관계 등 기본적으로 인간의 생명을 지속적으로 유지하는 중요한 기능에 깊이 관계하는 교감신경계 sympathetic nervous system와 부교감신경계parasympathetic nervous system로도 구분된다. 자율신경계는 대부분 내장기관에 동시에 존재하는 교

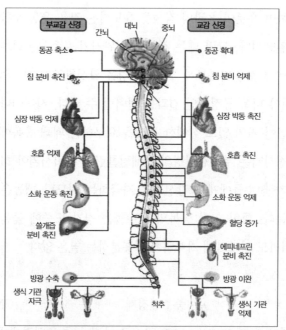

부교감 신경 / 교감 신경

부교감 신경	교감 신경
동공 축소	동공 확대
침 분비 촉진	침 분비 억제
심장 박동 억제	심장 박동 촉진
호흡 억제	호흡 촉진
소화 운동 촉진	소화 운동 억제
쓸개즙 분비 촉진	혈당 증가
	에피네프린 분비 촉진
방광 수축	방광 이완
생식 기관 자극	생식 기관 억제

간뇌 / 대뇌 / 중뇌 / 척추

자율신경계 - 교감신경과 부교감신경의 분포

감신경계와 부교감신경계의 작용을 길항적拮抗的으로 조절하여 신체의 항상성homeostasis을 유지한다.

교감신경은 사람이 위급한 상황을 맞이했을 때 빠르게 대처할 수 있도록 '싸우거나 회피하는 반응fight and flight response'을 통해 흥분, 긴장, 각성시키는 작용을 한다. 이때 강력한 각성 물질인 아드레날린과 노르아드레날린이 생성된다. 그러나 교감신경이 강한 자극에 의해 지속적으로 촉진되면 신체의 항상성을 적절하게 유지할 수가 없다. 이때 부정적인 심리현상불안, 스트레스 등을 경험하며 생리적 증상으로 심장박동이 증가하고 호흡이 빨라지고, 머리는 혈액을 통해 공급되는 산소 부족으로 '멍' 한 공항상태에서 정상적인 사고를 할 수 없을 정도로 혼란스럽게 된다.

이처럼 추동 이론, 욕구 이론은 자율신경인 교감신경을 자극하여 강력한 각성제인 아드레날린이나 노르아드레날린의 유도에 의해 고강도 각성을 촉진한 후 경쟁적인 스포츠 경기에서 기량을 충분히 발휘하는 것이다. 그러나 추동 이론은 일반적으로 지도자나 선수들이 인식하듯이 모든 스포츠 종목에 해당하는 절대적 심리기술은 아니다. 그래서 현장의 지도자나 선수는 스포츠 심리기술에 대한 올바른 정보와 지식을 가지고 스포츠 현장에서 선수들의 상황에 맞춰 적절히 적용해야 한다. 선수들이 운동 종목과 경기 상황, 자신의 성격과 숙련도에 따라서 효과적으로 각성의 정도를 조절한다면 잠재적인 기량을 극대화 시켜 긍정적인 운동결과를 보장받을 수 있는 것이 스포츠 심리기술이다.

역U자 가설 Inverted-U hypothesis 02

－ 호랑이 굴에 잡혀가도 정신만 차리면 살 수 있다
검도의 단체전은 작은 전쟁과 같다. － 전략 전술이 요구된다

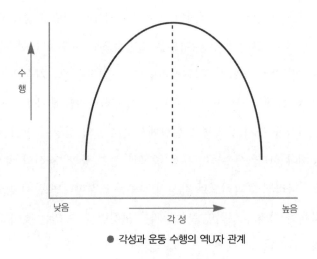

● 각성과 운동 수행의 역U자 관계

01에서 운동 종목, 경기 상황, 선수의 성격과 숙련도에 따라서 적절한 경기의욕이나 각성이 운동 수행에 도움이 되지만 어떤 경기 종목은 지나치게 높은 각성으로 역기능이 나타난다고 언급했다.

02에서는 옐케스Yerkes와 도우슨Dodson(1908)이 주장한 역U자 가설을 살펴본다. 선수들이 운동 수행을 하면서 매우 낮거나 과도하게 높은 각성은 자신의 기량을 충분히 발휘하는데 부정적인 효과가 발생

● 종목별 적정 각성 정도

각성 수치	각성 정도	스포츠 종목
1	아주 낮은 각성	양궁, 사격, 골프퍼팅
2	약간 낮은 각성	검도, 펜싱, 테니스, 야구투구, 다이빙
3	중간 각성	축구, 농구, 배구, 레슬링, 복싱, 유도, 체조
4	약간 높은 각성	단거리 달리기, 멀리뛰기
5	최고 각성	역도, 100m(200m)달리기, 윗몸일으키기, 미식축구 태클

하므로 중간 정도의 각성이 최고의 운동 수행을 실천할 수 있다는 이론이 역U자 가설이다. 그래서 역U자 가설을 적정수준 이론Optimal level theory이라고도 부른다. 욕구수준과 운동 수행의 곡선관계가 U자를 뒤집어 놓은 모양을 하고 있어서 역U자 가설이라 부른다.

역U자 가설은 추동 이론처럼 경기의 욕구수준이 올라갈수록 운동 수행 능력도 비례하여 어느 정도까지 지속적으로 상승하지만, 선수가 최고의 경기력에 도달한 이후에도 경기의 욕구수준이나 각성이 불필요하게 강해지면 경기력은 점점 감소한다는 이론이다. 역U자 가설은 추동 이론과 비슷한 부분도 있지만, 스포츠 수행에서 최고의 기량을 발휘할 수 있는 적절한 각성수준을 넘어서면 오히려 운동 수행력이 떨어진다는 점에서 추동 이론과 차이가 난다.

랜덜Landers와 보우체Boutcher(1993)는 경기에서 최고의 운동 수행을 할 수 있는 적정 각성수준은 선수 개인의 숙련도와 운동 종목의 특성에 따라 달라진다고 하였다. 일반적으로 테니스, 검도, 권투, 펜싱, 배드민턴 등 대근육과 소근육들의 조화와 타이밍이 요구되는 정교한 운동에서 각성수준이 적절하면 효과적이지만 너무 높거나 낮으면 오히려 경기력이 떨어진다. 그러나 순간적으로 신체의 대근육을 사용하여 순발력, 폭발적인 힘, 속도를 요구하는 역도, 팔씨름, 100m 달리기 200m 달리기, 윗몸일으키기 등의 종목은 운동 수행에서 높은 각성수준이 매우 효과적이다.

2008년 남해검도대회는 7월에 열리는 서울의 한국사회인검도대회와 중복되는 관계로 11월에 열렸다. 범사 박영헌 추모 남해군수기 영호남사회인검도대회는 전통이 깊거나 규모가 크지 않지만 냉정한 승패의 긴장감을 떠나서 꼭 참가하고 싶었던 경기였다. 남해의 잔잔한 바다와 고즈넉한 시골 풍경이 함께 숨 쉬는 곳으로 나에게 언제나 그리운 섬이다.

아름다운 곡선으로 이어지는 호젓한 길과 가옥, 논, 밭 등의 지표 높이와 비슷한 바다는 생활속으로 가깝게 다가와 더욱 친숙했다. 각 지역에서 다양한 검도대회가 개최되고 있지만, 남해대회만큼 지역민의 깊은 인정과 수려한 경치, 바다의 향기가 사람의 삶 속으로 깊숙이 들어와 호흡하는 곳은 찾아보기 드물었다. 자연과 인간의 향기를 충분히 갖추고 전국의 애검자愛劍者들을 정성스럽게 맞이하는 곳이 남해였다.

최근 남해군에서는 더 크고 훌륭한 시설의 체육관을 건설하고 있지만, 당시 검도대회가 치러지던 체육관의 분위기는 한가로운 어촌 풍경과 포근한 시골 풍경이 조화롭게 어우러져서 훈훈한 인간미를

검도는 예(禮)로 시작하여 예(禮)로 끝난다 - 인격은 스포츠에서 성숙된다.

풍겼다. 특히 체육관 앞에 부드럽게 깔린 잔디와 정자가 있는 여유로운 풍경은 경기를 앞둔 선수들의 긴장과 초조한 심리를 부드럽게 감싸주고 위로했다. 게다가 대회진행을 도와주는 지역주민들의 친절과 봉사는 시합을 앞둔 선수들에게 최고의 위로가 되었다.

2006년 7월, 남해군수기 영호남 검도대회에서 가장 하이라이트인 5인조 선봉, 2위, 중견, 부장, 주장 단체 결승전에는 오랜 전통과 검도대회에서 여러 차례 우승을 차지하면서 모범적인 검도 경기를 보여준 부산팀과 대구팀이 올라왔다. 이날 결승전에서 많은 검도인은 이변이 없는 한 부산팀이 이기는 것으로 믿고 있었다. 하지만, 대구팀도 만만한 상대는 아니었다. 준결승에서 우승 후보를 당당히 물리치고 결승전에 올라왔기 때문이다. 많은 검도인의 예상과는 달리 결승전에서 어느 팀

부산 여명관, 한국사회인 검도대회 우승(우측 : 도재화, 전 국가대표 감독)

이 절대적으로 우승할 것이라고 쉽게 장담할 순 없는 상황이었다.

우승 후보와 예상외 복병의 경기였기에 검도인들의 관심이 대단했다. 부산팀은 각종 지방 검도대회 및 전국 규모의 검도대회에서 괄목한 만한 성적을 거둔 부산검도의 자존심과 같은 팀이었다.

이 대회에서 나는 개인전 우승을 차지했지만, 단체전은 초반에 탈락했기에 관중으로서 결승전을 지켜봐야 했다.

개인전과 단체전 모두가 스포츠 심리학의 측면에서 매우 중요한 의미를 가지는 경기였다. 그래서 나의 개인전 우승경기는 다른 장에서 언급한다.

단체 결승전에 대한 관심은 수많은 관중의 얼굴에서도 여실히 드

겨룸은 절대적인 평정심(平靜心)이 요구되는 순간이다

러나고 있었다. 그들은 저마다 기대에 찬 눈길이었다. 노련한 심판들
조차 관중의 관심에 긴장하는 빛이 역력했다.

드디어 결승전이 시작되었다. 각 팀에서 가장 먼저 출전한 선봉들
의 움직임은 민첩하고 강했으며 날카로웠다. 강약의 리듬에 맞춘 짧
은 움직임 속에는 부드러움과 강함이 묻어나고 있었다. 검사들은 빠
르고 거칠게 서로 압박하면서 상대와 기 싸움을 벌이고 있었다. 자신
의 날카로운 기술로 상대의 칼과 기술이 감히 일어나지 못하도록 강
하게 누르면서 상대 선수를 제압하기 위해 온 힘을 다하고 있었다.
검도에서 단체전은 전쟁의 축소판과 비슷하다. 선봉은 자신의 개인
적 승패를 떠나서 팀 전체의 얼굴이자 팀의 의지를 투사하여, 다음
시합을 준비하는 아군들의 사기를 진작시키는 중요한 구실을 한다.

만약 선봉이 역할을 제대로 수행하지 못하면 자신의 패배에서 끝나는 것이 아니라 자기 팀 전체에 의욕을 상실케 한다. 그것은 역으로 상대팀의 자신감을 상승시키는 효과를 유발하기 때문에 선봉은 매우 무거운 책임을 안고 있다. 따라서 각 팀의 선봉은 기술은 뛰어나지만 소심한 검사보다 강한 기세를 가지고 자기 팀의 사기를 높이면서 상대팀의 전의도 꺾을 수 있는 선수가 맡게 된다.

이날 시합에선 날카롭고 긴박한 검의 교차 속에서 부산팀의 선봉이 짧고 강한 손목으로 승리를 거두었다. 당연히 부산팀의 사기는 충천하였다. 선봉의 승패가 팀 전체의 승패에 직접적인 영향을 미치는 단체전에서 선봉의 패배로 대구팀은 절박한 위기 의식속으로 빠져들었다. 황산벌 싸움에서 선봉으로 나선 관창이 신라군에 전의戰意를 불태웠던 것과 같이 부산팀 선봉의 승리는 사기의 핵이 되어 있었다.

대구팀의 두 번째 선수는 선봉의 패배를 만회하려는 듯 지나치게 높은 의욕과 긴장감으로 경기에 임하고 있었다. 검을 교차하는 손길은 조급했고 서두르는 기색이 역력했다. 두 번째 선수는 안정된 리듬을 찾지 못하고 보법에 빈틈을 보이면서 그만 머리 한 판을 내주고 말았다. 대구팀의 두 번째 선수도 패배를 맛보았다. 부산팀이 우승할 것이라는 검도인들의 예측은 맞아가고 있었다.

그런 상황에서 세 번째 선수가 경기장에 등장했다. 양 팀의 중견이었다. 세 번째 경기는 매우 중요한 의미를 띠고 있다. 대구팀은 중견마저 패하면 부장, 주장의 남은 경기와 관계없이 경기 전체를 패하게 된다. 하지만, 중견이 승리하면 각 팀은 서로 다른 상황에 부닥치게 된다. 대구팀은 부장, 주장 모두 이기면 승리할 수 있다는 실낱같은 가능성을 얻게 되는 것이다. 하지만 부산팀은 선택의 기회가 넉넉히 남아 있었다. 중견이 이기면 부장, 주장의 경기와 관계없이 팀이 우승하게 되고 패배하여도 노련하고 든든한 부장과 주장이 다음 출전 선수로 버티고 있었다. 부산팀은 부장과 주장 중 한 명만 승리하더라도 단체전에서 우승할 수 있는 유리한 고지에 서 있다. 그래서 세 번째 경기를 앞둔 대구팀은 절박하고 부산팀은 상대적으로 여유로웠다.

대구팀의 중견은 자기 팀의 위기상황을 잘 알고 있었다. 그 선수는 앞 선수들이 경험한 실패를 반복하지 않았다. 서두르지 않고 신중하게 경기를 풀어나가고 있었다. 절박한 긴장감을 스스로 통제하면서 냉정하게 움직였다. 그런 상황에서도 놀라우리만치 그의 칼과 몸의 움직임은 냉정하고 안정적이며 결코 조급하게 서두르지 않았다. 검도에서 승패의 결정은 1초조차 소요되지 않는다는 것을 진정 아는 듯 했다. 대구팀의 중견은 상대 선수의 변화를 파악하면서 날카롭고 예민한 시선을 유지했다.

부산팀의 중견은 안면이 있었다. 수많은 경기에서 서로 시합을 보아왔던 선수였다. 2005년 부산에서 열렸던 부산시장기검도대회에서 단체전에서는 직접 시합을 펼쳤던 경험도 있던 선수였다. 당시 그 선수와는 주장전에서 직접 대적했었다. 우리 팀은 경기에서 2:3으로 패배하였고 그의 팀은 그 대회에서 우승했다. 그는 이후에도 각종 경기에서 우승했고, 지속적인 훈련과 노력으로 습득된 민첩한 칼과 빠른 몸을 가지고 있었다.

스포츠 교훈 – 순간의 방심은 모든 것을 잃는다.

중견끼리의 경기는 흥미진진했다. 피를 말리는 위기의 순간들이 이어졌고 위기의 순간마다 관중의 탄성이 끊이지 않았다. 3분 만에 손목 한 판이 나왔다. 부산팀의 노련한 중견은 상대 선수가 앞으로 한 발 이동하는 순간을 놓치지 않고 주특기인 손목기술을 걸었다. 예상했던 기술이었다. 저 정도로 능숙한 선수가 4분의 경기 시간 중 3분 만에 한 판을 얻었다면 대구팀 선수에게 1분은 거의 의미가 없었다. 경험이 풍부하고 실력이 좋은 부산 선수는 남은 1분을 충분히 활용하면서 자신의 승리를 안전하게 지킬 것이다. 대구팀에게 희망이 없어 보였다. 이제 남은 것은 부산팀 중견이 1분을 잘 이끌면서 승리를 거두는 것뿐이었다. 그의 승리는 자신의 승리이면서 부산팀 전체에 우승을 안겨줄 수 있는 감동적인 한 판의 경기가 될 것이다. 단체

전의 승부는 이미 결정 난 것이나 마찬가지였다. 어떻게 상황이 변하건 경기결과는 절대 변하지 않을 것이었다. 대회에서 가장 하일라이트인 검도 단체전의 승자가 실망스럽게 결정날 것 같았다. 모든 관중은 그렇게 믿는 눈치였다.

그러나 경기는 이상한 방향으로 흘러갔다. 주심에 의해 한 판승의 깃발이 올라가고 두 판째를 선고하는 순간부터 경기에 임하는 부산팀 중견의 행동이 달라지기 시작했다. 상대팀의 마지막 희망마저 잘라버리려는 듯 강력한 힘과 빠른 속도의 공격을 시작한 것이다. 그 순간이었다. '호랑이 굴에 잡혀가도 정신만 차리면 살 수 있다.'고 했던가. 대구팀의 중견은 당황하지 않고 최적의 각성과 집중력을 유지했다. 오히려 더 냉정하게 위기 상황을 대처하면서 인내심을 가지고 자신이 원하는 기회가 오기를 기다리고 있었다. 그럴수록 부산팀 중견의 몸놀림이 커졌다. 이겼다는 승리감에 도취되면서 각성이 상승하고 있었다. 의욕이 강해지면서 경기 흐름을 잃어버렸고 판단력마저 흐려지기 시작했다.

결국, 경기 종료 20초를 남기고 부산팀 중견이 무리한 공격을 시도하는 바로 그 순간 틈이 생겼다. 대구팀 중견은 기회를 놓치지 않았다. 돌발적인 머리 타격을 시도했다. 극적인 한 점을 얻었다. 다 꺼진 것 같은 잿더미 속에서 순식간에 불꽃이 치솟았다. 1:1. 동점이었다.

남은 10초 동안 대구팀 중견은 더욱 냉정해졌다. 적정수준의 각성은 몸과 칼의 움직임을 더욱 날카롭고 재빠르게 만들었다. 부산팀 중견은 의외의 허를 찔리자 당황했다. 자신의 실수를 만회하기 위해 더

서둘렀다. 과욕이 앞서면서 행동이 조급했다. 행동이 커질수록 빈틈만 노출되었다. 종료 직전 결국 부산팀 중견은 머리 한판을 더 내주고 말았다.

부산팀 중견은 거의 20초를 남기고 1:2의 역전패를 당하고 말았다. 갑자기 벌어진 충격적인 결과로 대구팀의 사기는 하늘 높이 상승하였고 패배할 거라는 절망 속에서 희망의 불길이 솟아올랐다. 이러한 분위기 속에서 나머지 선수인 부장과 주장의 각오는 냉정하다 못해 처절할 만큼 침착하고 단호해졌다. 그들은 마음의 평정심을 잃지 않았다. 경기에 임하는 부장의 기백은 왕성했고 정신은 냉정했다. 부장은 올바른 판단력을 유지하기 위해 애쓰고 있었다. 지옥의 문턱에서 희망을 보았던 그들은 정신을 흩뜨리고 집중력을 분산시키는 부정적인 심리상태_{걱정, 불안, 부정적 예측 등}를 극복하고 무아의 경지에서 경기를 수행하기 시작했다. 그러나 부산팀의 선수들은 경기 점수 2:1로 여전히 유리한 고지를 점령하고 있었지만, 팀의 응집력이 절대적으로 요구되는 상호작용의 스포츠 종목에서 갑작스럽고 실망스러운 중견의 패배로 흔들리고 있었다. 중견의 어이없는 패배는 부장, 주장 선수들에게 심리적으로 부정적인 영향을 미쳤다. 부산팀에게 패배할지도 모른다는 부정적인 인식이 자리 잡기 시작했다. 의욕상실과 동기손실의 부정적인 심리상태에서 부장, 주장 모두 자신들의 잠재적인 기량을 충분히 발휘하지 못하고 있었다. 결국, 그날 경기에서 부장과 주장은 연속으로 패배했다. 대구팀의 극적인 단체전 우승이었다.

남해검도대회에서 준결승전까지 몇 번의 경기를 치르고 올라온 부산팀 중견은 체력과 기술, 적절한 각성의 균형으로 좋은 성적을 내면서 팀의 우승을 주도적으로 이끌었던 선수였다. 하지만, 결승전에서 먼저 한 판을 이긴 후 최후의 한 판승을 더하여 팀 우승을 완전히 결정짓겠다는 성급한 의욕이 앞서는 바람에 각성이 너무 강하게 충만되었다. 지나치게 상승한 각성은 교감신경을 과도하게 자극하여 신체의 경직과 유연성 부족을 드러냈다. 결국, 상대에게 치명적인 빈틈을 드러내면서 패배할 수밖에 없게 된 것이다. 그리고 경기의 모든 흐름을 올바르게 인지하는 판단력과 상대의 움직임을 섬세하게 포착하는 시각이 좁아졌기 때문에 나머지 1분을 냉정하게 관리하지 못했다. 우승을 위한 유효적절한 전술전략을 찾지 못하면서 패배할 수밖에 없게 된 것이다.

중견의 역전패는 나머지 선수인 주장과 부장에게 실망감을 안겨주면서 경쟁의욕을 저하하고, 부정적인 심리상태불안, 긴장, 초조 등를 강하게 유발했다. 그래서 그들은 자신들의 시합에서 기량을 충분히 발휘하지 못하고 뼈아픈 패배를 하게 된다. 대구팀은 절박한 상황 속에서도 가장 적절한 각성으로 냉정함을 유지할 수 있었기 때문에 우승할 수 있었다.

위드메이어 Widmeyer(1993)는 팀의 응집력cohesion과 경기 수행의 상관관계를 연구, 분석하다가 그 둘 사이에 직접적으로 깊은 관계가 있음을 발견하였다. 그리고 응집력과 운동 수행의 상호 영향을 미치는 관계를 살펴보면, 응집력이 스포츠 수행에 성공적인 영향을 미치는 것보다도 팀이나 구성원들의 승리가 팀의 단결과 응집력에 더 큰 영향을 미친다는 사실을 발견했다.

위드메이어의 연구결과에서처럼 검도 단체전에서 한 구성원의 실망스러운 패배는 나머지 선수들에게 심리적으로 부정적인 영향을 직접적으로 미칠 수 있는 일이었다. 그리고 스포츠 심리적 관점에서 볼 때 그러한 결과를 부분적으로 링겔만 효과^{사회적 태만social loafing}에 의해 설명할 수 있다. 링겔만 효과란 여러 사람이 무거운 물건을 들어 올릴 때 사람들의 총 힘의 합은 각자의 힘을 합친 것보다는 더 작다는 이론이다. 잉함Ingham(1974)은 2인, 3인, 4인, 5인, 6인 집단으로 나누어 실험했을 때, 5인 이상의 집단에서 발휘되는 힘은 개개인의 힘을 합친 전체 총 힘의 합에 비하여 78%의 힘밖에 발휘하지 못한다는 것을 밝혀냈다. 링겔만 효과는 단체전에서 개개인의 책임감과 동기가 분산되는 현상으로, 단체전에서 어떤 구성원의 실망스러운 패배는 다른 구성원들에게 경쟁수행의 동기를 감소시켜 개인의 책임감이 분산되는 사회적 태만의 심리적 현상이 쉽게 나타난다는 점을 보여주고 있다.

슈타이너 Steiner(1972)는 스포츠 경쟁에서 단체 팀의 성과가 선수 개개인이 지닌 경기력과 어느 정도의 상관관계를 가지는 것인가에 대하여 연구한 슈타이너 이론을 제시하였다.

팀의 실제 성과 = 잠재성 성과 - 과정손실(조정손실 + 동기손실)

잠재적 성과는 팀의 기술, 체력, 능력 등 잠재적 성과의 가능성을 의미한다. 그리고 과정 손실에서 조정 손실coordination loss은 스포츠 수행에서 부적절한 팀워크이며, 동기손실은 앞에서 언급한 각성 저하, 의욕상실, 책임감 분산 등의 사회적 태만에 의한 손실을 말한다. 슈타이너Steiner 이론은 경쟁적인 스포츠 상황에서 팀의 경기 결과는 팀 전체의 역동적인 조화와 구성원 개개인들이 적절한 각성과 책임의식을 가지고 얼마나 자신에게 맡은 바 임무를 올바르게 수행하느냐에 달렸음을 보여준다.

남해검도대회의 단체전 결승에서 사회적 태만의 심리적 현상에 의해 동기손실을 가져온 부산팀의 의욕상실과는 반대로 절망적인 상황에서 극적으로 희망을 엿보았던 대구팀 선수들에게는 잠재적 가능성과 자신감이 급상승하였다. 결국 대구팀의 긍정적인 경쟁 심리는 과정손실을 최소화하는 동시에 우승을 성취하려는 적극적인 동기가 더욱 강화되면서 잠재적인 경기력이 최대화되게 되었다.

최적수행지역 Zone of optimal functioning, ZOF 이론 03

- 왜 16강, 8강에서 계속 패배를 하였는가?
적정 각성수준은 상황에 따라서 유동적이다

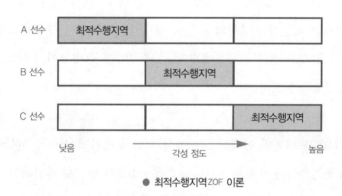

A 선수	최적수행지역		
B 선수		최적수행지역	
C 선수			최적수행지역

낮음 → 각성 정도 → 높음

● 최적수행지역 ZOF 이론

01의 추동 이론에서 각성이 높으면 운동 수행이 계속 상승한다고 하였다. 02에서 각성수준이 적절한 수준에 있으면 운동기량의 극대화가 되지만 그 이상이 되면 오히려 운동 수행 능력을 떨어뜨린다는 역U자 가설을 소개하였다.

03에서 소개되는 최적수행지역 이론은 소련의 유명한 스포츠 심리학자 유리 하닌^{Yuri Hanin(1986)}이 제시한 이론으로 역U자 가설을 보완하여 제안되었다.

역U자 이론에서 적정수준의 각성정도가 연속된 선상에서 중앙의 고정된 한 점으로 설명되고 있다. 하지만 하닌 Hanin은 경기에서 자신의 운동기량을 최고로 발휘하기 위하여 반드시 고정된 특정 수준의 각성이 아니라 선수에 따라서 개인 차이가 크게 달라질 수가 있다고 주장한다. 그리고 각 선수는 최고 운동기량을 발휘할 때 자신만의 고유한 각성수준이 있지만 이것은 역U자 이론처럼 절대적으로 고정된 범위가 아니라 상황에 따라서 유동적인 범위가 있다고도 주장한다. 따라서 선수들은 자신의 운동기량을 가장 잘 발휘하기 위하여 타인과 다른 적정수준의 각성 정도가 있게 된다. 그리고 운동 수행 과정에서 조금씩 차이가 날 수 있다. 만약 선수가 자신의 운동 수행을 가장 잘 발휘하기 위하여 적절한 각성 범위를 알 수 있다면 경기 전에 최고 운동 수행을 미리 예측하고 자신감을 가질 수 있을 것이다. 반면에 적정한 각성 범위를 벗어날 경우에는 사전에 자신의 부정적인 상태를 점검하여 조정할 수가 있다.

나는 1990년 처음 검도를 접하면서 곧바로 검도의 매력에 빠져들었다. 가장 간단한 '빼어 칼, 꽂아 칼'에 대한 단순한 첫 동작의 가르침에도 나름대로 의미와 상상을 부여하면서 진지하고 열심히 수련하였다. 검도에 대한 열정은 평상시에도 검도를 생각하게 하였다. 결국, 나는 누구보다도 검도를 아끼고 좋아하는 검도인이 되어갔다. 지금까지 검도 수련을 19년 이상 꾸준히 하고 있지만, 검도 입문 초년

시절에 힘들고 숨이 넘어갈 것 같은 훈련을 견디면서 수련하던 자학적인 열정을 따라잡을 수는 없을 것 같다. 특히 기억나는 훈련은 가장 더운 여름, 전 관원들이 모여 수련하는 극기 훈련인 모서^{暮暑} 훈련과 가장 추운 겨울, 실시하는 모한^{冒寒} 훈련이었다. 다른 스포츠와 비교할 수 없는 이 극한의 체험은 검도에 대한 남다른 애정을 갖게 하였다. 이제 그 시절 검도 수련은 잊어버린 추억이 되었지만, 그러한 체험의 흔적들은 마음속 깊은 곳에서 검도 열정의 원기로 남아 있다. 검도에 대한 매력과 집념은 검도 경기 참가로 자연스럽게 이어져서 지금까지 다양한 검도 경기를 직접 경험하게 하였다.

첫 번째 검도대회에 참가하였던 19년 전의 가슴 벅찬 감동은 지금도 기억 속에 선명하게 남아있다. 경기를 기다리는 하루 전날 두근거리는 가슴으로 잠들지 못했던 기억은 설렘과 긴장 그리고 불안과 두려움 속에서 상상했던 경기에 대한 온갖 환상들 뿐이었다.

첫 경기는 30대 중반의 나에게 엄청나게 충격적 사건이었다. 머릿속은 '멍' 했고 아무 생각도 나지 않았다. 오직 거친 숨결과 심장만이 격렬하게 뛰고 있었다. 첫 경기를 위해 코트에 나가 선수 대기선에 서던 그 순간 1년 동안 열심히 수련했던 기술들은 기억 속에서 모두 사라져 버렸다. 심판이 무엇을 지시하는지, 상대의 얼굴이 어떻게 생겼는지, 그리고 장외에 있는 코치의 지시와 응원하는 사람들의 존재가 어떤지는 하나도 눈에 들어오지 않았다. 불안, 초조, 긴장, 두려움 때문에 부정적으로 작용하는 최고의 각성 상태에서 경기를 맞이하였다. 하지만, 그날의 첫 경기는 우수한 경기력보다는 강력한 정신력 때문에 다행히 이겼다. 그러나 어떻게 경기를 이끌었고, 어떻게 이겼는지에 대한 기억은 머릿속에 남아있지 않았다. 아무것도 생각 나지 않았다.

경기 중 나의 왕성한 기합 소리는 마음속 깊은 불안과 두려움을 멀리 떨쳐버리는 듯 실내체육관이 떠나가도록 크게 울렸고, 긴장의 각성정도는 마치 전쟁에서 목숨을 걸고 싸우는 백병전白兵戰과 같은 고강도 상태였다. 전체 경기상태는 전혀 들어오지 않았고 오직 눈앞 에 보이는 상대의 손목, 머리, 허리를 향해 정신없이 공격만 하고 있 었다. 그리고 어느 순간 심판이 경기를 중지시켰다.

얼떨떨한 상태에서 언제, 어떻게 이겼는지도 모르게 두 번째 시합 에서도 승리했다. 흥분과 긴장상태에서 나는 2번을 더 이기고 16강 전을 맞았다. 16강전에서도 여전히 고강도의 각성 상태였다. 노련한

시합을 기다리며 – 호면 속에 초조한 마음을 감추고

상대 선수는 그런 나에게 여러 차례 강한 공격을 퍼부었다. 공격을 막느라 힘겨워하다가 연장전에 들어와서 상대가 보인 허점을 공략하면서 겨우 승리하여 8강에 올라가게 되었다. 그 시합에서 얼마나 긴장했는지 경기를 마치고 경기장에서 내려와 상대방과 인사를 나누는데, 상대 선수가 나의 도장 선임자임을 그때야 알아차렸다. 그는 평소에도 나에게 많은 가르침을 주던 사람이었다. 얼마나 정신이 없었으면 상대가 누구인지도 몰랐을까.

그렇게 정신없이 시작된 검도 경기의 첫 경험은 8강전으로 만족해야 했다. 이후 약 19년간 열심히 검도 수련을 하면서 무수한 경기에 참가하였다. 경기 대부분은 16강이나 8강의 문턱에서 아쉬운 고배를 마셨고 나머지 경기는 초반에 탈락하는 어처구니없는 상황을 연출하면서 굴곡 심한 내 기량을 여지없이 보여주었다. 창피했다. 검도에 소질이 없는 것이 아니냐는 자학에 검도를 포기하려는 마음도 여러 번 들었다.

1995년 4월 부산시장기검도대회에서 처음으로 개인 우승을 차지했다. 감동적인 우승이었다. 그리고 그해 7월, 부산시회장기검도대회에 다시 참가를 하였지만 부산시장기검도대회에서 얻은 첫 우승의 감동과 기쁨에 여전히 사로잡혀 있었다. 부산시회장기검도대회는 부산시장기검도대회보다 참가선수들의 경기력이 낮았다. 하지만, 부산시장기검도대회의 우승에 대한 지나친 자신감과 지난 경기 승자라는 들뜬 흥분은 정신집중을 방해했고 자만심을 키웠다. 자만심은 결국 상대 선수와 대회 흐름에 집중해야 하는 경기 감각 자체를 방해하고 있었다.

1회전에서 대적했던 선수는 개인적인 친분이 있는 사람이었다. 검도에 대한 애착과 관심은 대단히 높지만 경기 경험과 기량은 열정만큼 높지 못한 사람이었다. 수많은 관객들이 부산시장기검도대회 우승자의 경기에 깊은 관심을 가지고 유심히 지켜보고 있었다. 나는 부정적인 정서^{초조, 긴장} 등나 경기 불안은 없었지만, 지나친 자신감과 부적절한 과잉 각성을 통제하지 못해 매우 흥분된 감정 상태로 경기에 참가하고 있었다. 이렇게 동요된 마음가짐은 냉정하고 철저한 정신으로 대적해야 하는 경기 상황에서 멋진 기술로 상대 선수를 물리치고 싶은 허황된 심리로 작용하였다. 한두 번의 둔탁한 칼 끝 교전후 몸 받음의 상황이 되면서 퇴격 맬머리의 화려한 동작으로 한 판승을 얻는 모습을 주변 관객들에게 보여 주고 싶었다. 교만한 판단과 흥분된 기분은 상대의 칼에서 전달되어오는 의도를 민감하게 읽지 못하고 있었다. 상대의 신체 움직임을 날카롭게 관찰하는 집중력도 없이 멋진 모습으로 승리하겠다는 자신감에 도취되어 있었다. 일방적으로 밀어붙이다가 퇴격 맬머리의 공격 동작을 취하는 순간 상대 선수가 반사적으로 먼저 '팍~' 짧고 강하게 퇴격 손목을 치는 동시에 3미터 뒤로 물려서면서 멋진 존심^{存心}을 취하였다. 잠에서 덜 깬 기분이었다. 순식간에 0:1이 되었다. 기량이 뛰어난 선수가 아니었기 때문에 경기를 역전시킬 수 있는 충분한 시간은 남아 있었다. 그러나 둘 째판부터는 과잉의 자신감이 아니라 부산시장기검도대회에서 우승한 선수가 3달 후 치러진 부산시회장기검도대회에서 '1회전에 탈락했다는 소리는 듣지 않을까' 는 불안심리불안, 염려, 걱정, 부정적인 자기암시 등로 부정적인 각성이 높게 상승되면서 정신이 매우 혼란스러웠다. 과잉의 각성은 나 자신뿐 아니라 상대를 파악하는 시선도 좁게 만들었다. 전체 경기흐름과 상대의 다양한 움직임을 올바르게 관찰하지 못하고 오직 상대 머리만 쳐야 한다는 생각밖에 없었다. 경기에서 상대 선수의 전체 움직임을 파악하지 못하고 한 곳에만 전적으로 마음을 빼앗기면 깊고 날카로운 판단력이 상실된다. 상대 선수의 발 움직임, 칼끝의 교묘한 의중, 빈틈 등을 포착하면서 순간적으로 나의 행동을 선택하는 정신적 여유도 없어진다. 오직 동점을 만들기 위하여 상대 선수의 머리 공격을 통해 한 판승을 얻어야 한다는 생각밖에 없었다.

상대의 짧은 후퇴에 분별도 없이 2보 연속 전진 후 긴장된 근육에 무게를 가득 싣고 몸을 던지면서 머리를 겨냥하고 돌진하였다. 과감한 공격에 앞서 옥석을 고르듯 섬세한 인내심을 가지고 상대의 빈틈을 노려야 한다. 그것이 아니면 과감한 선제공격은 자살행위에 불과하다. '퍽' 소리와 함께 나의 손목에서 경쾌한 울림이 펴졌다. 정신이 들었을 때 이미 상대 선수는 눈앞에 없었다. 머리를 노리는 나의 손목을 짧게 훔친 후 뒤쪽에서 존심을 잡고 승리의 기쁨에 전율하고 있었다. 나는 지나친 불안감과 위기감에 냉정한 판단력을 상실했고 정중동靜中動, 동중정動中靜의 교훈을 잊고 있었다. 너무나 창피했다. 충격적인 현실 앞에서 도저히 두 발로 경기장을 걸어 나올 수 없었다.

몇 달 전 부산시장기검도대회에서 개인 우승자가 부산시회장기검도
대회에서 지나친 자만심과 들뜬 허영심으로 인하여 1회전에 탈락하
다니. 순간 이 공간에서 사라지고 싶은 심정이었다.

　　검도의 수련은 나에게 힘든 사회생활에서 쌓인 스트레스와 긴장
된 마음을 감싸주고, 휴식과 동시에 에너지를 재충전시켜주는 활력
소가 되었다. 그러나 검도에 대한 자부심과 사랑으로 검도대회에 참
가했지만 예상한 기대보다 저조한 성적을 얻으면서 가슴 아파했고
고민에 빠지는 경우가 많았다.

　　평소 체력과 기술을 열심히 연습하였지만 검도대회에 참가하면
16강이나 8강의 문턱을 넘지 못했다. 때론 경기 초반에 탈락하는 수
모를 겪기도 했다. 경기결과도 나빴지만 내용도 좋치 못했다. 수많은
연습을 했음에도 시합에 지는 것은 체력과 기술 외에 또 다른 원인이
있을 것이라고 생각했다. 이러한 고민을 해결하고 싶었다. 그래서 찾
아간 분이 동아대학교 스포츠과학대학에서 스포츠 심리학을 강의하
시는 하형주 교수님이었다. 교수님 지도하에 스포츠 심리학을 공부
하고 2007년 박사과정을 수료하기에 이르렀다. 지금은 검도 및 각종
스포츠를 수행하면서「최적 경기력수행을 위한 뇌파자기조절훈련에
관한 연구」라는 제목의 논문을 준비하고 있다. 이 연구의 목적은 선
수들이 경기 상황에서 경험하는 심리적, 생리적 경쟁불안을 극복하
고 최적의 기량을 발휘할 수 있도록 바이오피드백 biofeesback 기기를
이용하여 스포츠 심리를 훈련하는 것이다.

스포츠 심리학을 공부하면서, 검도 경기에서 자신의 기량을 최대로 발휘하기 위해서는 체력과 기술, 스포츠 심리기술 훈련도 필요하다는 것을 깨닫게 되었다. 평소에 열심히 검도수련을 했지만, 정작 경기에서 자신의 기량을 충분히 발휘하지 못하고 불규칙적인 경기결과를 얻었다. 이러한 원인은 경기내용, 상대선수, 나의 컨디션 등 경기상황에 따라서 경쟁하는 각성정도에 유연한 변화가 있어야 했다. 그럼에도 나는 첫 경기와 똑같은 각성상태에서 16강, 8강까지 경기를 일률적으로 수행했다. 그래서 잠재된 최고의 경기력을 충분히 발휘할 수 없었다. 결국 대부분의 대회에서 쓰라린 패배를 하였다.

스포츠 심리학의 박사과정에서 스포츠 심리기술의 훈련과 함께 경기 현장에 적극적으로 적용하기 시작했다. 그 결과 전국사회인검도대회를 비롯하여 최근 3년 동안 치뤄진 여러 검도대회에서 좋은 성적을 낼 수 있었다. 적절한 각성의 조절과 주의집중을 통해 최근 참가한 검도대회 3연속 개인 우승하는 매우 긍정적인 결과를 얻었다.

역U자 가설처럼 자신에게 가장 적당한 각성 상태의 절대적인 기준은 없다. 경쟁 상대, 1차전 경기, 16강, 8강, 4강, 결승전 등 경기의 수준과 수행상태 그리고 그날의 컨디션에 따라서 각성상태는 유동적으로 변화되어야 한다. 특히 결승전에 올라갈수록 상대의 실력은 점점 더 좋아진다. 상대적으로 내가 느끼는 긴장과 불안은 높아지게 된다. 그렇기 때문에 경기 심리에서 상승된 각성을 어느 정도 낮춰야 한다. 그래야만 더욱 냉정하고 침착해질 수 있다. 자신의 실력을 충

스포츠의 이율배반 – 경쟁은 우정을 쌓는다.

분히 발휘할 수 있게 되는 것이다.

결승전에 올라갈수록 차분해져야 한다. 과도한 흥분과 불안감은 떨쳐내야 한다. 시합의 전체 흐름을 읽으면서 교활할 정도로 냉정하게 상대 선수와 대적해야 한다. 그 정도의 섬세한 경기를 주도해 나가려면 낮은 수준의 각성상태를 유지해야 한다. 결승전까지 적절한 수준의 각성상태를 유지할 수 있다면 자신의 실력은 최대한 발휘될 수 있으며 최종 목표인 우승도 얻을 수 있게 된다.

지금까지 각종 검도대회에 참가하여 개인 결승전에 여섯 번 올라갔다. 그 중에서 화려하게 승리하겠다는 어처구니없는 허영심으로 패배해서 준우승을 한 것을 제외하면 5번의 우승을 차지하였다. 5번의 우승은 모두 낮은 각성상태를 유지하면서 냉정하게 경기를 운용한 결과였다. 그러나 나는 그 5번의 경기에서 우승보다 더 값진 성과를 얻었다. 스포츠 심리기술을 운동현장에 적절히 적용하였을 때 승패에 관계없이 자신의 실력을 최대한 발휘할 수 있었던 경험을 하게 된 것이다. 우승한 경기들을 살펴보면 경기결과도 좋았지만 경기 운용도 비교적 안정적이었다. 스포츠 심리학을 배운 뒤로는 경기에서 패배를 하더라도 과거처럼 자학하거나 괴로워하지 않았다. 오히려 긍정적이고 이성적인 시합반성competition reflection을 하면서 다음 경기를 좀더 과학적이고 체계적으로 준비할 수 있게 된 것이다.

카타스트로프 이론 Catastrophe theory 04

– 호랑이는 토끼를 잡을 때도 최선을 다 한다

지옥과 천국사이

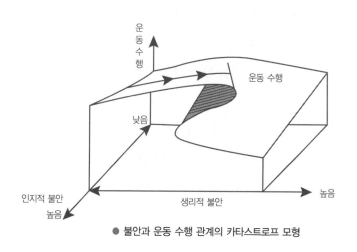

● 불안과 운동 수행 관계의 카타스트로프 모형

앞에서 경기에 대한 의욕, 각성이 적절한 정도까지는 운동 수행에 상승효과를 준다는 역U자 가설에 대한 설명이 있었다. 그러나 하디 Hardy(1990)는 운동 수행의 결과는 신체적 각성과 운동 수행의 상호 관계 그리고 불안, 걱정, 염려, 근심 등 인지적 불안을 포함한다고 보았다. 그 때문에 운동 수행은 신체적 각성, 인지적 불안, 운동 수행의 역동적인 관계에 따라서 달라진다는 것으로 설명하고 있다. 즉 인지적 불안불안, 근심, 걱정 등이 낮을 때 신체적 각성과 운동 수행 사이에 경기력이 향상되면서 역U자 가설이 성립되나, 인지적 불안이 높을 때 신체적 각성이 어느 정도 수준으로 상승하면 운동기량이 급격히 떨어진다는 이론을 카타스트로프 이론대격변 이론이라 한다.

실제 운동 수행에서 경기력은 생리적 각성과 인지적 불안의 정도에 따라 완전히 대칭적으로 작용하는 것이 아니라 운동으로 나타나는 증상에 있어서는 시간 차이를 두고 나타난다. 이렇게 인지적 불안근심, 걱정, 초조 등에 의해 생리적 불안이 어느 수준까지 상승하였을 때 '대격변Catastrophe'의 증상이 발생하여 운동 수행이 급격히 추락한다. '대격변'의 증상이 발생하는 경우 다시 정상적인 경기력의 회복은 빠르게 진행되는 것이 아니라 매우 천천히 실행되기 때문에 많은 시간을 필요로 한다. 그러므로 카타스트로프의 상태에서 운동 수행이 갑자기 추락한 경우에 선수는 높은 인지적, 생리적 불안을 낮추기 위하여 신체적 각성을 완전히 이완 시킨 후 점차적으로 적절한 각성수준에 도달해야 한다. 그러나 더 바람직한 방법은 적절한 심리기술을 적용하여 높은 인지적 불안의 부정적인 심리상태가 형성되기 전에 미리 차단하고 제어하는 것이다.

2007년 봄 내가 소속된 '신익테니스클럽'은 지역 테니스 대회에 참가하여 동배조 우승을 차지했다. 그리고 그해 가을에 개최된 부산 사하구청장 테니스 대회에 참가하여 한 단계 높은 은배조 우승에 도전하였다.

    청명한 날씨의 가을 하늘, 유난히 맑고 따뜻한 햇살이 비쳐드는 코트는 테니스 대회를 치루기에 가장 적절한 환경이었다. 우리 선수들의 컨디션은 매우 양호하였고 나의 몸 움직임도 좋았다. 공에 대한 감각과 타이밍 또한 민첩하였다. 오늘 경기를 준비하는 마음은 부정적인 심리상태^{걱정, 불안, 긴장 등}보다는 가볍고 상쾌한 기분으로 자신의 기량을 충분히 발휘할 수 있을 것 같은 자신감으로 충만하였다. 그리고 공동 목표를 위한 팀의 응집력과 의욕도 최고로 상승되어 있었다.

    테니스 복식 경기는 보통 2인을 1조로 하여 3개 조가 한 팀을 이룬다. 우승자를 정하는 방식은 2개 조가 먼저 이기면 팀 전체가 승리하는 방식과 3조 전체의 경기를 통해 얻은 득실 수로 결정하는 방식이 있다. 그리고 한 박스에 보통 3팀이 경합을 벌여 우승한 1팀이 2차전에 진출한다.

테니스 동배우승 – 회원들의 응원은 경기의욕을 상승시킨다.

우리 팀의 출발은 매우 희망적이었다. 첫 번째 팀과 3:0으로 가볍게 승리하고 두 번째 팀과 경기를 시작하였다. 1조는 6:3으로 가볍게 승리했다. 그러나 2조의 경기에서 어려움이 있었다. 선수들이 심리적으로 흔들리면서 시소게임을 하고 있었던 것이다. 내가 속한 3조의 시합이 시작되었다. 경기 전체 흐름을 보아서 우리 조가 이겨야 확실히 2차전에 진출하는 상황이었다. 사전 정보에 따르면 상대팀은 제일 강한 조를 1조로 내세우지 않고 3조에 포함시키는 변칙적인 작전을 쓸 모양이었다. 상식적으로 테니스는 팀에서 제일 잘 하는 두 사람을 대장조인 1조로 내세운다. 상대팀은 그런 고정관념의 허를 찌를 모양이었다. 상대 선수들의 나이는 우리보다 훨씬 젊었다. 그들의 동작은 빠르고 기본기가 탄탄해보였다. 경기 전 우리와 함께 5분 정도 연습공을 치면서 몸을 푸는 동안, 그들의 공은 무게가 잔뜩 실려 있었고 좌우로 공을 꽂아 보면서 우리의 약점을 파악하려는 시도를 조심스럽게 하였다. 그러나 만만하게 당하고 있을 내가 아니었다. 특히 내 파트너는 지역 테니스계에서 제법 실력을 인정받는 선수였다. 침착한 경기 운영으로 정평이 나 있었고 파트너에 대한 배려도 남달라서 심리적으로 안정적인 경기를 수행할 수 있는 선수였다. 복식 경기에서 파트너의 배려는 잠재적인 실력을 최대로 발휘할 수 있도록 도와주고 경기력을 극대화시키는 역할을 한다. 특히 그날은 마음이 가벼웠고 자신감도 충만했다. 게다가 공에 대한 감각도 섬세하게 작용하고 있었다. 파트너에 대한 믿음은 나에게 주어진 책임감을 줄여주고 있었다. 덕분에 주변의 응원과 시선들이 부담이라기보다 승리를 향한 강한 동기와 경기 집중의 에너지가 되어 되돌아왔다. 상대 선수들의 공은 날카로웠지만 긴장의 빛이 역력했다. 특히 관중들의 응원에 들뜬 탓인지 주위가 매우 산만해보였다.

드디어 경기가 시작되었다. 상대 선수들이 먼저 서브를 넣었다. 공은 강하고 깊은 코스로 들어왔다. 오른쪽 코너를 담당한 나는 안전하게 상대 코트로 공을 넘겼다. 그러나 되받아치는 상대 선수의 공은 빠르고 강하게 우리 코너 깊숙한 곳을 찔러왔다. 무게가 실린 공을 노련하게 리시브하는 일은 만만치 않았다. 젊은 선수들의 기량이 한 수 높게 발휘되면서 3:1. 위험한 스코어가 되었다. 5번째 경기에서 40:0. 절박한 상황을 지켜보던 우리 팀 회원들이 힘내라는 응원을 보내기 시작했다. 고함소리와 응원가가 흘러나오자 상대 선수들이 신경질적인 반응을 보이기 시작했다. 스스로 부정적인 심리상태를 유발하기 시작했던 것이다. 그들의 경기력이 갑자기 떨어지기 시작했다. 평범한 우리 공을 되받아 치는 상대 선수들은 행동엔 긴장하는 빛이 역력해 보였다. 흥분으로 몸이 경직되면서 라켓에 힘이 들어가기 시작했다. 연속적인 랠리에서 정확도가 떨어지는 모습이 확연해 졌다. 특히 우리의 빈틈을 노려 코트 빈자리에 날카롭게 공을 꽂아 넣던 시야는 좁아졌다. 젊은 선수들이라 체력과 기술에서 우리보다 우수했지만 경기심리를 효과적으로 통제하지 못했다. 그들의 불안정한 경기심리 상태가 더욱 깊어졌다. 고조된 각성은 근육 경직과 둔한 움직임으로 나타났다. 신체적인 불안 증상은 점차적으로 심해지고 과격한 공격은 범실로 이어졌다. 결국 양 팀의 균형이 깨어지기 시작했다. 초조, 긴장의 부정적인 심리 상태와 부정적인 생리 상태에서 한 번 무너지기 시작한 상대 선수들의 경기 기량은 정상적으로 회복될 기미를 보이지 않았다. 덕분에 우리는 안정된 심리상태에서 경기를 풀어갈 수 있었다. 혼란스러운 상대방의 움직임이 파악되면서 빈틈이 보이기 시작했다. 결국 우리는 6:4의 극적인 역전승을 거두었다. 기량이 우수한 상대 선수들이 우리 팀의 응원에 신경질적인 반응을 보이면서 경기력이 저하되지 않았다면 우리의 승리는 장담할 수 없었다. 우리 조의 승리로 예선은 자연스럽게 통과했다.

두 번째 경기는 날씨만큼이나 상쾌했다. 좋은 날씨, 가벼운 몸동작, 적절한 각성, 최적의 집중력, 시원한 첫 경기의 승리, 호흡이 잘 맞는 파트너. 이 모든 것들의 조화로 더 이상 이상적일 수 없을 정도로 운동 수행의 조건은 최고에 달하였다. 2차 경기에서도 6:1이라는 현저한 스코어 차이로 상대팀을 잔인하게 눌렀다. 우리 팀의 1, 2조도 압도적인 실력 차이를 보이면서 연속으로 승리했다. 오늘은 어떤 팀과 시합하더라도 두렵지 않았다. 최고의 성적을 얻을 수 있다는 자신감이 들었던 날이었다. 앞으로 남은 두 팀과의 경기도 이런 상태로 시합을 잘 풀어간다면 은배조의 우승은 당연히 우리 것이라고 확신하였다. 강한 자부심과 기분 좋은 예측에 우리 팀은 약간 들뜬 기분과 흥분으로 3차 경기를 맞이했다.

세 번째 경기에서 상대 대진표의 3조를 살펴보니 여자 선수들로 짜여 있었다. 순간 곧 있을 가볍고 흥미로운 경기를 머릿속에 그리면서 나는 파트너와 마주보며 승리의 미소를 지었다. 이미 경기결과는 결정이 난 것이다. 나와 파트너는 먼저 경기를 치루는 우리 선수들의 시합을 가벼운 마음으로 응원했다. 여자 선수들과 대적하는 우리 조의 시합은 주변사람들도 만만하게 보는 눈치였다. 우리 자신도 스스로 외면하고 있었다. 여자 선수들과 시합이라면 당연한 결과가 예측되었다.

1조는 6:3으로 이겼지만 2조는 역전에 역전을 거듭하다가 4:6으로 패했다. 하지만 아무도 걱정하지 않았다. 여자 선수들과 경쟁하는 든든한 우리 조가 버티고 있었기 때문이다.

마침내 우리팀의 3조 경기가 시작되었다. 네트를 중앙에 두고 나란히 마주보며 서로 인사를 나누었다. 우리는 이미 경기를 승리로 끝낸 후 예를 진행하듯 입가에 가득 미소를 담고 "잘~해 봅시다"라는 겉치레의 인사를 전했다. 여성 선수들은 우리의 신상을 알고 있는 듯

"임사장님, 최선생님, 잘 부탁해요!

재미있게 경기해요!

좀 살살치세요!"

경기 시작전부터 우리의 들뜬 마음과 흩어진 기분은 경기수행에 필수적인 주의집중과 적정 각성을 그만 잊어버리고 말았다. 팀의 승패를 결정짓는 마지막 경기였지만 응원단도 없었다. 결과가 자명한 3조 경기에 아무도 관심이 없었다. 모두 다른 경기를 보기 위해 옆 코트로 몰려갔던 것이다. 당연히 우리의 승리를 확신하고 있었다. 그러나 은배조 시합에 참가한 여자 선수들은 결코 만만한 상대가 아니었

다. 더욱 중요한 사실은 우리 자신들의 정신상태였다. 우리는 세심한 주의력과 침착성을 잊어버리고 가벼운 마음으로 경기에 참가하고 있었다. 첫 게임은 너무 싱겁게 여자 선수들이 이겼다.

2번째 게임이 시작되었다. 그래도 아직까지는 여유가 있다고 생각했다. 여전히 입가엔 미소가 떠나질 않았다. 가끔 경기 중에 상대 선수들에게 농담을 던지는 여유도 남아 있었다. 2번째 게임도 여자 선수들이 이겼다. 그러나 마음만 먹으면 언제든지 역전할 수 있다는 믿음이 우리의 냉정한 판단을 가로막았다. 결국 3번째 게임도 여자 선수들이 승리했다.

4번째 게임에서 우리는 심리적으로 약간의 위기를 느끼기 시작했다. 1조는 이겼지만 2조가 패배했기 때문에 우리가 꼭 이겨야 했다. 마지막 경기였다. 그러나 4번째 게임은 생각처럼 쉽게 풀리지 않았다. 조급한 마음과 위기의식 때문에 게임은 점점 더 꼬여만 갔다. 긴장과 초조의 인지적 불안이 더해졌고, 지금까지 머릿속으로 예측한 것처럼 마음대로 이루어지지 않은 현실은 안타까움과 불안한 심리를 촉진시켜 숨이 막힐 것 같았다. 머리가 혼란스럽고 가슴은 답답해졌다. 어지러운 마음은 좀처럼 회복되지 않았다. 승리에 대한 부정적인 예측과 결과에 대한 불안한 정서가 밀려오기 시작했다. 이러한 인지적인 불안근심, 걱정, 초조, 부정적인 예측, 스트레스 등의 부정적인 심리가 고조될 수록 근육을 경직되고 가슴을 두근거렸다. 신체적 각성은 점점 더 상승되고 있었다. 결국 몸은 굳어지면서 강약의 유연한 리듬은 상실하고 말았다.

최선을 다하여
– 스포츠는 인생철학
을 실천한다.

    심장은 더욱 빠르게 뛰었고 호흡은 짧아지면서 생리적 불안 증상
이 고조되기 시작하였다. 이러한 심리적, 생리적 불안 상태에서 초기
의 자신감과 승리에 대한 굳은 마음조차 허물어져 가면서 우리들의
경기력은 급격히 추락하였다. 이미 우리의 불안전한 상태를 파악한
여자 선수들은 승리를 예감하면서 더욱 안정된 심리상태를 유지했
다. 경기는 여자 선수들이 완전히 주도하고 있었다. 그들은 조급하게
서두르는 우리의 약점을 충분히 간파한 후 빈 공간을 찾아 날카롭게
공을 꽂아 넣었다. 우리는 4번째 게임에서 단 한 포인트도 얻지 못한
채 패배했다.

    5번째 게임, 게임 스코어가 40:0이 되자, 지금까지 우리에게 관
심도 보이지 않던 주변 사람들이 몰려들기 시작했다. 심지어 그들은
여자 선수들을 열렬히 응원하기 시작했다. 우리를 둘러싼 관중들은
정말 즐겁고 신명이 났다. 수준 높은 은배조 경기에서 상상하기 어려

운 현상이었다. 여자 선수들이 남자 선수들을 압도하는 이색적인 사건이 벌어지고 있으니 경기를 지켜보는 사람들에겐 얼마나 재미있었겠는가. 여자 선수들은 주변의 관심과 적극적인 호응으로 더욱 힘을 얻고 있었다. 경기는 탄력을 받았고 몸의 움직임은 더욱 활발해졌다. 그들의 공은 우리의 빈곳을 정확하게 찾아냈다.

반면에 우리의 얼굴은 거의 사색으로 변했고 의식은 점점 마비되어 백지 상태나 다름없었다. 이제 우리는 판단력조차 흐려지면서 스스로의 감정 통제가 거의 불가능해졌다. 절망적인 심리상태로 좁혀진 집중력은 상대방의 의도와 경기의 흐름을 판단하는 인지능력을 상실하게 만들었다. 생리적 불안증상이 심하게 나타났다. 힘이 많이 들어간 근육은 날카롭게 공을 조절하는 유연성을 상실하여 우리의 공격 시도는 연속적인 자책으로 이어졌다. 경직된 신체는 움직임을 매우 둔하게 만들면서 상대 공격에 적절한 대응을 할 수가 없었다. 그리고 안절부절 못하는 불안한 행동적 증상은 경기상태를 더욱 악화시켰다. 상대의 움직임을 예측하지 못하는 상황에서 상대 선수들의 공격에 대한 어설픈 방어는 그들에게 더 유리한 공격의 기회를 주고 있었다. 5번째 경기에서 우리는 겨우 1포인트만 얻은 채 절망적인 패배를 하였다. 게임 스코어는 5:0이 되었다.

이제 마지막 6번째 게임이다. 지금이라도 우리 팀이 정상적인 컨디션만 회복한다면 이 정도 실력의 여자 선수들에게는 충분히 승리할 수 있을 것이라는 실낱같은 희망이 남아 있었다. 그러나 비극적인 이야기는 거기서 끝이 아니라 시작이었다.

다른 코트의 응원단들도 모두 우리 코트로 몰려왔다. 그리고 더욱 열렬히 환호하며 여자 선수들을 격려했다. 애처로운 남자들의 비극적인 장면을 보면서 가학적인 쾌감을 즐기고 있었다. 이처럼 흥미진진한 경기가 또 있을까? 남자 선수들은 최악의 벼랑으로 몰렸고, 그들을 용감하게 무찌르는 영웅적인 여자 전사들은 마지막 게임까지 강하게 밀어붙여 6:0이라는 기록적인 스코어로 승리하겠다는 의지로 충만해 있었다.

부정적인 심리상황근심, 걱정, 초조, 부정적인 예측 등은 부적절한 생리적 불안으로 이어지기 때문에 이런 상태에서 테니스 경기 수행력은 급격히 상실하여 엄청난 실수를 유발시켰다. 경기 회복은 불가능한 상황이 되었다. 상대적으로 여자 선수들은 더욱 자신감과 주의집중이 상승되었고, 안정된 각성과 경쟁심리는 우리 팀의 빈틈을 예리하게 파악하여 우리 코트의 빈틈으로 정확하게 공을 계속 공략하였다.

여자 선수들이 득점할 때마다 관중들은 환호와 함께 짜릿한 즐거움을 만끽했고, 우리는 패배의 공포감에 심리적 불안감과 함께 생리적 불안으로 점점 몸과 마음은 완전히 위축되고 심하게 흔들리고 있었다. 점점 상승하는 생리적 불안상태에서 나와 파트너의 경기 수준은 초보자같이 평범한 볼 처리도 제대로 하지 못할 만큼 낮아져 있었다. 내 자신 또한 이해할 수 없는 실수를 연발했으며, 둔하고 묵직한 발걸음은 전혀 상대 선수의 공을 쫓아가지 못하였다. 얼굴은 초조함과 당황으로 일렁거렸고, 무거운 심리는 더 이상 감당하지 못할 정도로 심하게 흔들리고 있었다. 그리고 목은 타는 듯 마르고 심한 갈증을 일으켰다. 결국 우리는 경기 종반에 와서야 패배감을 온 몸으로 받아들일 수밖에 없는 상황이 되었다. 그때 나에게 갑자기 떠오르는 한 단어가 있었으니 '대재앙' 이었다.

결국 게임 스코어는 40:0이 되었다. 매치 포인트다. 한 점만 더 잃으면 패배와 동시에 대재앙이 현실로 된다. 나와 파트너는 물에 빠져 죽어가면서 지푸라기라도 잡고 싶은 절망적 심정이 되었다. 1포인트라도 만회하기 위하여 마지막 열정을 쏟아 부었지만 냉정한 여신들은 빗장 풀린 우리의 빈틈으로 최후의 일격을 가하여 숨통을 막았다. 우리가 마음만 먹으면 언제든지 역전이 가능하다고 믿었지만 그런 반전은 결코 일어나지 않았다. 결국 테니스 은배조 경기에서 여자

테니스 은배 최우수선수 수상 – '주의집중' 의 교훈을 얻다.

선수들에게 굴복당한 최초의 남자 선수가 되었다. 눈앞이 캄캄하고 가슴은 울렁울렁거렸다. 몸은 자신의 무게를 견디지 못하고 쓰러질 것만 같았다. 머릿속의 정신은 찢어진 종잇조각처럼 산산이 흩어지고 있었다.

상대 여자 선수나 관중에게 이보다 더 재미있고 즐거운 선물이 없었다. 그들에게는 축복이고, 우리에게는 절망적인 비극이었다. 나의 입에서 가느다란 신음이 흘렸다.

"Oh, My God! Catastrophe!"

우리 조는 다른 팀의 남자들과 마지막 경기에서 명예 회복을 위해 **온갖 심리기술**주의집중, 적절한 각성, 자신감, 의지, 경기몰입, 투지, 감정전환, 인지재구성, 큐 워드cue word, 심상, 스스로에게 용기를 주는 자화self talk, 자기최면, 호흡조절, 서서히 긴장을 푸는 점진이완 기법, 부정적인 사고중지thought stopping 등를 다 동원하여 경기에 열중한 결과, 다행히 6:1로 승리했다. 결국 그 대회에서 은배조 우승을 차지하는데 우리 조의 역할이 중추적이었다. 다행이 우승자의 결정은 토너먼트의 방식이 아니라 리그전에 의한 총 득실 수로 계산하는 방식이었기에 가능한 일이었다. 그리고 민망하게도 나는 그 대회에서 최우수 선수로 선발되었다. 지옥과 천국이 교차했던 대회였다.

악몽과 같은 그날 이후 거의 1년의 시간이 흘렀다. 며칠 전 지역적으로 상당히 멀리 떨어진 클럽 동호인들이 친선 게임을 위해 우리 클럽을 방문했다. 파워와 노련함으로 무장한 그들은 상당한 실력을 소유한 테니스 동호인들이었다. 우리 클럽에선 작년 경기 은배조에서 우승한 멤버들로 구성하여 그 동호인들과 팽팽하고 긴장된 경기를 펼쳤다. 서로가 비슷한 실력이었지만 그들에게는 우리 경기장이 낯설었다. 결국 그들은 경기장에 적응하지 못해 허둥대고 있었다. 그들과 달리 우리는 홈그라운드의 이점을 최대한 살리면서 최대의 기량을 발휘하고 있었다. 그날의 시합은 근소한 차이의 우리 승리였다.

친선 경기가 끝난 후 시원한 맥주로 가벼운 뒤풀이를 하고 있을 때였다. 상대 선수 중 한 분이 묘한 미소를 지으며 이렇게 물었다.

"혹시 여기 계시는 분 중에서 작년 가을 은배조 대회에서 여자팀과 시합하여 6:0으로 피박 쓰신 분 있으십니까?"

순간 아찔했다. 나에게는 철저히 지우고 싶었던 1년 전의 악몽이 지금도 부산의 테니스계에 회자되고 있었던 것이다.

스포츠 경기를 수행하면서 부정적인 대회 흐름으로 인지적 불안초조, 근심, 걱정이 상승된 상태에서 생리적 부정적 증상근육의 경직, 빠른 심장박동, 짧은 호흡, 머리 공황상태 등이 강하게 나타나면 행동적 증상으로 몸에 힘이 강하게 들어가면서 순발력과 움직임이 둔해지고 신체의 유연성과 강약의 리듬을 잃는다. 그리고 상대의 움직임을 예측하고 섬세하게 파악하는 정신력이 현저히 떨어지면서, 마음은 한 곳에만 집중되어 경기 전체를 파악하는 시야가 매우 좁아진다. 이처럼 교감신경의 과도한 자극에 의해 거칠고 짧은 호흡과 빠르게 두근거리는 심장박동, 그리고 신체의 경직은 근육과 혈관이 수축되어 피의 흐름이 감소된다. 이처럼 혈관의 경직에 의해 원활하지 못한 피의 흐름은 피를 통해 뇌에 공급되는 산소의 부족을 일으켜 머리를 '멍' 하게 만드는 공황상태를 유발한다. 이러한 상황에서는 경기 흐름을 인식하는 올바른 판단력을 상실할 뿐 아니라 행동이 침착하지 못하고 안절부절 못한다. 스포츠 경기를 하면서 이러한 심리적 불안이 높은 상태에서 생리적 불안 증상이 어느 수준까지 상승하면 경기력은 급격히 떨어진다. 이것이 카타스트로프 ^{대격변} 이론이다.

앞에서도 언급했듯이 운동 수행에서 경기력이 급격히 추락한 카타스트로프의 상태에서 경기력을 빠르게 회복시킨다는 것은 매우 어렵다. 그러므로 가장 바람직한 방법은 적절한 심리기술을 활용하여 이러한 심리상태가 일어나기 전에 부정적인 심리정서를 사전에 통제하고 조절하여 자신의 기량을 최대로 발휘할 수 있도록 심신을 조절하는 것이 가장 바람직한 방법이다.

목표 설정 Goal setting 05

― 허황된 자만심은 경기를 망친다
주의집중, 적절한 각성, 감정전환, 자화, key word

선수들이 스포츠 대회를 준비하면서 운동 수행을 통해 자신들이 최종적으로 성취하려는 결과를 목표라고 할 수 있다. 선수는 목표를 설정하면, 그것을 달성하기 위하여 행동방향을 결정하고 노력의 강도와 지속성, 시간을 증가시킨다. 그리고 이러한 목표의식은 경쟁의식, 자신감, 집중력, 내적동기 등을 상승시키는 긍정적 운동심리를 유발한다.

와인버그Weinberg와 윌리암스Williams(1993) 외 많은 스포츠 심리학자들도 최상의 경기력을 성취하기 위하여 목표 설정을 스포츠 심리기술^{주의집중, 사고중지, 심상, 자화}과 함께 추천하고 있다. 그리고 와인버그 Weinberg와 골드 Gould(1995)는 심리기술훈련의 주요 구성요소에 목표 설정을 포함시키고 있다.

목표 설정은 운동 수행의 향상에 큰 영향을 미치는 스포츠 심리기술이기 때문에 효과적으로 목표를 달성하기 위하여 구체적인 실천원리와 방법을 추진하는 프로그램을 개발하는 것이 필요하다.

라쌈 Latham(1990)과 로케 Locke(1986)의 연구에서도 목표가 전혀 설정되지 않거나 '열심히', '최선을 다하여', '성실히', '정신력으로' 등 막연하고 추상적인 목표를 정하는 집단보다는 100m 달리기에서 1초 줄이기, 3시간 내에 마라톤 완주할 것, 농구 자유투에서 기존 성공률을 10% 이상 상승시킨다, 검도대회에서 입상하는 것 등 실행 가능한 구체적인 목표를 설정하거나 약간 어려운 목표를 설정하는 집단이 운동 수행을 훨씬 뛰어나게 하는 것으로 주장하고 있다.

한편 선수들이 스포츠 활동에서 달성하고자 하는 목표를 설정할 때는 결과지향적인 목표 ^{'승리', '우승', '상금'} 등보다는 자신이 통제가능하고 좀 더 쉽게 성취할 수 있는 과정지향적인 목표 ^{1일 실천목표} 등를 설정하여 지속적으로 실천하는 것이 더욱 효과적이다. 그리고 선수들이 스포츠 수행을 하면서 현재 당면한 과제에 최선의 노력을 다하겠다는 목표의식이 분명할 때 부정적인 운동심리^{부정적인 예측이나 불안} 등를 감소시키고 긍정적인 결과를 얻을 가능성이 더욱 높아진다.

20대 젊은 시절에 배우고 싶었던 검도를 우연한 기회의 인연으로

검도는 정신을 수련한다.

결혼 후 삼십 초반에 처음으로 입문하였다. 그날 이후 거의 19년 이상 꾸준히 검도를 연마하면서 다양한 대회를 거쳤고 많은 단체전 우승과 5번의 개인 우승을 성취하는 경력도 쌓았다. 나에게 검도는 이미 삶의 한 부분을 차지하고 있으며 소중한 동반자의 역할을 하고 있다. 그리고 하루의 시작을 검도의 수련으로 열었다. 러시아의 미학자 체르니셰프스키 Chernyshevsky(1833. 11~1887. 2)가 '예술은 삶이다.'라고 말했듯이 나에게 '검도는 삶이고 삶이 검도이다.'

검도의 열정과 삶의 성실함이 상호 보완하면서 항상 베를 짜는 날실과 씨실처럼 조화롭게 삶의 긴 여정을 아름답게 엮어 나간다. 검도에 대한 자부심과 애착이 짙을수록 나의 생활은 더욱 풍요롭고 즐거웠으며, 또한 삶의 기쁨은 검도 수련에 열정을 더욱 쏟을 수 있었다. 그리고 검도 수련은 풍요로운 삶을 영위하기 위한 소중한 목표였다.

검도는 내 하루하루를 즐겁고 가슴 두근거리게 했다. 그날 배운 기술은 도장에서도 열심히 익혔지만 집에서, 직장에서도 반복 연습하고 정성을 다해 자세를 다듬었다. 그리고 '다음 날 아침에는 어떤 동작을 배울 수 있을까?' 하는 조바심에 밤이 무척이나 길게 느껴졌다. 당시 나는 검도의 깊은 맛을 모른 채 검도의 정서에 젖어있다. 검도 그 자체가 마냥 좋아서 삶이 즐거웠고 더 풍요로워지는 느낌을 받았다.

지금은 열기가 식었지만 검도를 입문한 무렵에는 새벽 6시면 수련을 시작하였다. 5시에 기상하여 검도 장비를 챙기고 몸과 마음을 추스르며 운동준비를 하였다. 그러나 아무리 검도 수련이 재미있고 기다려지는 시간이라 하지만 상당히 추운 겨울 날씨에 아직 어둠이 깔린 이른 새벽부터 침대에서 일어나는 것은 그리 쉽고 즐거운 일이 아니었다.

추운 겨울에 새벽 5시의 포근한 이불 속은 마음속에서 온갖 갈등이 소용돌이치도록 만들었다. 밖은 아직 캄캄한 어둠에 싸여있고, 차가운 냉기를 머금은 겨울바람은 창문을 흔들며 윙~ 윙~ 바람소리를 날리고 있을 때 따뜻한 이붓자리를 박차고 일어나려는 마음의 의지에 온 몸은 처절하게 저항을 한다. 정말 그 순간에 심신은 하나가 아니라 정신과 육체로 완전히 분리되어 있었다. 그 속에서 나는 어찌하지 못하는 애절한 방관자이며, 나를 지배하는 두 주인들이 서로 대립하고 팽팽하게 힘겨루기를 하는 동안 나의 의지는 몹시 괴로워했다.

1분만 더, 5분만 더, 10분만 더, 아니 오늘은 밖이 너무 추운 것 같으니 운동을 빼 먹어!

갈등의 회오리 속에서 마음은 연약한 갈대처럼 이리저리 흔들리다가 결국은 이불을 박차고 일어나 검도 도장으로 향했다. 365일 거의 하루도 빠짐없이 누구보다도 일찍 도장 문을 두드렸지만 이상하게도 새벽 5시에 침대에서 일어날 때 마다 하루도 거르지 않고 마음속에선 갈등이 일었다. 그 당시와 달리 지금은 훨씬 늦은 시간에 검도 수련이 시작된다. 그래도 아침에 일어날 때는 자명종이 있어야 하고 아내의 도움을 받아야 한다. 그러나 처음 검도에 입문하고 약 10년 동안은 아침에 기상하는데 누구의 도움도 필요치 않았다. 물론 자명종의 요란한 울림도 없었다. 새벽에 눈을 뜨면 5시에서 전후 1~2분이다. 검도에 대한 열정과 집념은 무서울 정도로 나의 신체와 정신을 압도하고 있었다.

한 번은 이런 해프닝이 있었다. 아직 캄캄한 추운 겨울, 그날 새벽에도 자동적으로 눈을 떴다. 아무런 의심 없이 평소처럼 옷을 갈아입고 장비를 챙긴 후 차가운 새벽바람을 가르며 차를 타고 도장에 도착했다. 그날 밤 유난히도 눈이 많이 내렸고 어두운 밤하늘에 별들이 초롱초롱 더욱 밝게 빛났다. 고요한 겨울밤이라 캄캄한 어둠 속에서 바람 부는 소리는 몹시 세차고 얼굴에 닿는 공기는 얼음처럼 차가웠다. 여느 때와 같이 제일 먼저 도착한 나는 도장 문을 열기 위해 관장님을 깨우는 벨에 손을 갖다 대었다. 순간, 머리를 스치는 이상한 느낌으로 손을 뗐다가 거듭 벨에 손을 가져갔지만 역시 조금 전과 같은 미묘한 느낌을 받았다. 또 한 번 내렸던 손을 들었다가 아무래도 주변이 여느 때와는 다르게 너무 깊고 무거운 어둠의 정적이 흐른다는 것을 직감적으로 느꼈다. 몇 번의 시도가 있었지만 결국 벨을 누르지 못하고 다시 차로 되돌아와 시간을 확인했다. 이런, 새벽 2시 반이다. 나의 바이오생체 시계에 오작동이 발생한 것이다. 새벽에 눈을 뜨면 항상 그 시간이었는데, 어젯밤에 검도에 대한 애착이 너무 지나친 탓인가? 할 수 없이 다시 차를 타고 집으로 갔지만 남은 시간 잠을 잔다면 5시에 도저히 일어나지 못할 것 같아 고스란히 기다렸다가 다시 도장으로 출발하였다. 이런 일이 발생한 이유는 전날 밤 자기 전에 다음날 아침 검도 수련을 하면서 시도해보고 싶은 검도 기술에 대한 흥미로운 상상과 기대를 너무 열정적으로 하였던 것이다.

또 하나의 해프닝이 있었다.

33세 늦은 나이에 결혼하여 아파트에 보금자리를 만들었다. 그리고 거의 6개월이 지난 후 검도에 입문하였다. 검도 수련을 마치고 아파트로 되돌아올 때는 아침 8시 정도가 되었다. 아파트로 돌아오는 그 시간에 가벼운 아침 산책을 가시는 할머니 한 분이 계셨는데, 큰 검도 가방을 어깨에 울려 메고, 한 손에 검은 죽도집을 들고 집으로 들어가는 나를 아파트 입구에서 아침마다 마주쳤기에 아주 반갑게 인사를 드렸다.

검도 수련 후 거의 3개월이 경과하였을 때 아파트 주민들 사이에서 나에 대하여 좋지 못한 소문이 들려오는 것이었다. 5동 5층에 사는 젊은 새 신랑이 매일 밤낚시를 갔다가 새벽에 집으로 들어온단다. '저래 가지고 새 신부는 어떻게 사노, 생과부지! 나쁜 X이야!'

지금은 다른 아파트에서 약 10년 간 생활하고 있지만 아침 검도 수련을 마치고 집에 들어설 때, 경비실 입구에서 가끔 마주치는 나이 좀 드신 경비 아저씨 역시 친근하게 말을 붙인다.

"밤에 고기 많이 땡겼습니꺼?"

2004년 부산시장기검도대회의 우승은 특별히 감동적이고 잊을 수 없는 소중한 추억으로 가슴에 간직되었다. 그해 부산 동아대학교 개강과 입학식이 시작되기 몇 달 전, 평소 알고 지낸 교수님께서 물었다.

"임 사장, 검도를 좋아하시고, 내가 알기로는 여러 경기에서 우승도 몇 번 하였으니 대학교에서 검도를 지도해 보시는 것이 어떠신지요."

"선수 출신도 아닌 제가 대학교에서 학생들에게 검도를 지도할 수 있을까요."

나도 싫지는 않았다. 나 자신의 검도 기능에 대해서는 약간의 회의적인 생각이 들었지만 '대학교에서 학생들에게 검도를 지도하는 목적이 꼭 기능만이 중요한 것이 아니다.' 라는 의미에서 긍정적인 결심을 하게 되었다.

우선 검도 강사의 채용에 책임을 맡고 있는 학과장님과의 면접을 위해 동아대학교 스포츠과학대학으로 갔다. 내가 면접을 위해 만난 그분이 바로 하형주 선수, 아니 교수님이었다. 사회적으로 혼란스럽고 국민의식이 침체되어 가던 80년, 암울한 그 시대에 전광석화 같은 안다리후리기 한 판승으로 금메달을 일구어 낸 올림픽의 영웅, 온 국민의 어둡고 우울한 가슴에 뜨거운 희망의 불을 지피셨던 분이다. 대한민국뿐 아니라 전 인류의 가슴에 가장 극적인 장면을 수행함으로서 스포츠의 위대함을 너무나 감동적으로 깊이 각인시켰다.

당시 그 순간을 TV로 지켜보면서 우리는 대한민국의 자랑스러운 국민임을 깨달았고, 우리의 일체감과 정체성을 명확히 가슴속에 재확인하였다.

나는 태어나서 처음으로 이력서를 작성했다. 손가락을 짚어가면서 초등학교로부터 대학원까지 입학, 졸업 연도를 기재하는 것은 왠지 어색하고 낯설었다. 특히 경력 난에 기재하는 검력劍歷의 기록은 부끄러워 얼굴이 좀 화끈거렸다. 검도 수련은 남에게 자랑하기 위하여 수행하는 것이 아니라 자신을 위한 수련이고 인격의 수양이므로 수련 자체가 궁극적 목적이다. 그러므로 타인에게 시험의 수단으로 보여주는 과거 검력의 기록은 익숙하지가 않았다. 그렇게 하형주 교수님과 인연이 되어 2004년부터 동아대학교에서 검도 지도자의 새로운 길을 걷기 시작했다.

그해 5월 부산시장기 도장별 검도대회가 개최되었다. 평소에도 가끔씩 그 대회에 참가하였으며, 우승의 기쁨도 몇 번 경험하였다.

나는 아무 생각도 없이 그 대회 개인과 단체전 참가신청서를 제출하였다. 그러나 이번 대회 참가의 결정은 다른 때와 달리 좀 더 신중을 기해서야 하는 것인데 미쳐 심사숙고를 하지 못하였다. 이제 나는

학생들과 함께 – 가르치는 것은 제2의 배움이다.

검도를 지도하는 지도자로서 단순히 취미나 여가활용으로 검도수행
을 하는 일반인이 아니었다. 대학교를 대표하는 상징성을 가진 위치
에 있었던 것이다.

공식 검도대회의 결과는 개인적인 검도 수준뿐 아니라 동아대학
교 스포츠과학대학에 대한 평가로 확대 해석될 수 있었다. 그리고 검
도대회의 결과는 강의시간에 검도를 지도하는 선생의 모습을 학생들
에게 적나라하게 보여주기 때문에 심리적으로 매우 부담되는 시합이
었다. 더구나 그날 시합엔 대학교 검도동아리 학생이면서 나에게 검
도 강의를 받은 학생들 중 일부도 출전 신청을 해놓은 상태였다. 서로
시합하는 종별은 달랐지만 같은 검도대회에 사제가 동시에 경기를 하
는 일까지 벌어졌다. 그 시합이 가져올 여파를 깨닫게 된 것은 대회가
얼마 남지 않았을 때였다. 개인전과 함께 단체전도 출전신청을 했기

때문에 기권은 현실적으로 불가능한 상황이었다. 대회 전날까지 대회에 참가할 것인지, 말 것인지의 혼란스러운 갈등을 가지고 괴로워 했다. 늦은 밤까지 잠을 제대로 이루지 못했다. 만약 내가 경기에서 패배한다면 지도자 활동을 포기해야 할지도 모른다는 극단적인 생각까지 들었다.

잠 못 이루는 어설픈 밤을 보내고 아침을 맞았다. 아파트 공터로 내려가 간단한 스트레칭과 검도 기본 동작으로 몸을 풀었다. 그리고 오늘 대회에 출전하는 경기 수행에 대해 마음을 차분히 정리하였다.

더 이상 회피할 수 없는 상황이었다. 그렇다면 학생들을 지도하는 지도자로서 승패를 떠나 최선을 다하는 모습을 보여줘야 했다. 그것이 가장 모범적이고 학습적인 검도경기를 수행하는 것이다. 그런 생각을 하자 마음이 편안해졌다. 이번 대회의 최종적인 목표를 최선을 다하는 경기로 설정하였다. 그리고 궁극적으로는 대회 우승을 위해 최선을 다해야겠다고 결심했다.

경기 1시간 전 체육관에 도착했다. 체육관 앞에 학생들이 먼저 도착해서 나를 기다리고 있었다. 시합에서 좋은 결과가 있기를 바란다며 학생들은 열심히 응원하겠다는 인사를 건넸다. 학생들은, 내가 시합하는 코트 바로 뒤 관람석에 자리를 잡고 열정적인 응원을 펼치기 시작했다. 그리고 내가 시합하는 코트 옆에서 제자들도 열심히 검도경기를 펼치고 있었다. 스승의 검도경기에 제자들이 관심을 가지고 응원하는 것은 사제 간에 깊은 정이자 아름다운 광경이지만, 경기를 앞둔 나에게는 심리적인 부담과 긴장의 원인이었다. 그러나 이번 검도대회에서 제자들에게 보여주고 싶었던 모범적인 경기 모습과 대회 우승에 대한 강한 목표의식은 이러한 심리적 정서를 오히려 경기에서 냉정하고 침착하게 최선을 다할 수 있도록 긍정적인 에너지가 되었으며 대회 우승에 대한 열의와 목표를 더 강하게 각인시켰다.

첫 번째 경기를 상당히 긴장되고 부담되는 심리를 안고 맞이하였다. 하지만 나를 지켜보는 학생들에게 시각적인 학습이라는 뚜렷한 목표의식은 불안한 경기심리를 효과적으로 억제하고 통제하는 심리적 중재 역할로 작용하였다.

상대 선수도 첫 시합을 임하면서 긴장하는 빛이 역력했다. 경직된 몸의 움직임으로 매우 서둘러 공격해오고 있었다. 상대 선수가 공격을 위해 전진해 들어올 때 나는 빠르고 짧게 전진하여 순간을 멈추듯 기다렸다. 상대 선수는 자신에게 닥쳐올 위험을 간파하지 못한 채 절호의 공격 기회로 잘못 판단하고 곧장 몸을 던지듯 크게 머리를 치고 들어왔다. 나는 상대 선수의 칼을 머리 위에서 받아서 간결하게 허리를 베어 나갔다. 3명의 심판 모두가 나의 청색 깃발을 들면서 한 판을 인정하였다. 매우 당황한 상대 선수는 0:1의 불리한 상태에서 한 점을 만회하려는 듯 무리한 공격을 자주 시도했다. 하지만 한 쪽으로 쏠린 판단력은 결정적인 빈틈을 노출시켰다. 그가 공격의 기회를 얻기 위하여 옆으로 일보를 이동하는 동작이 끝나는 순간 나의 짧은 전진이 이어졌다. 타격의 유효거리를 포착한 상대 선수가 또 한 번 머리를 치고 들어왔다. 상대 선수가 머리를 타격하기 위해 칼을 드는 순간 상대의 손목이 크게 열렸다. 이미 의도된 나의 전진은 당황함 없이 순간적으로 선제공격인 선의선 기술을 걸면서 머리보다 먼저 짧고 간결한 손목 찍기로 경기를 빠르게 마무리 지었다.

여전히 나의 경기 코트 바로 뒤편 관람석에서 제자들이 시합을 지켜보며 환호와 박수를 보냈다. 그런데 제자들의 시선이 긍정적인 위안보다 부정적인 정서를 유발시키고 있었다. 그러나 스포츠 심리에서 중요한 심리기술인 강한 목표의식은 그러한 주변 환경의 혼란스러운 정서를 순화하면서 나에게 유리한 내적 동기로 전환시켜 신체에 적절한 활력과 정신력의 강화로 유도하였다.

2차전 검도 경기가 시작되었다. 경기 전 장신 선수, 단신 선수, 뚱뚱한 선수, 마른 선수 등 상대 선수의 외적 체형과 전체 모습을 관찰하면서 직감적으로 경기에서 구사할 수 있는 기술과 경기 방향을 예측하고 판단한다. 그리고 상대 선수를 대적할 수 있는 나의 기술과 경기 전략을 머릿속에서 정리하는 것이 수많은 검도대회의 경험에서 얻은 경기직감이다. 상대 선수는 단신이므로 큰 동작을 일으켜 나의 머리 타격을 잘 구사하지 않을 것이며, 단신이지만 뚱뚱한 체격이 아니므로 발의 이동과 몸동작이 빠르면서 나의 머리 공격에 손목 치기와 함께 대등의선이나 후의선으로 허리를 잘 베어나갈 것으로 판단하였다. 그러나 근접의 거리에서는 단타單打의 머리 공격보다 손목, 손목머리의 기술을 잘 걸 것이라고 예측했다.

머리공격 직전에 허리 - 대등의선

　검도경기에서 중요한 것은 주의집중과 적절한 각성을 유지하면서
상대의 작은 움직임에도 날카로운 마음의 눈으로 냉정하게 관찰하는
것이다. 그러면서 상대가 쉽게 공격 거리를 측정하지 못하게 나의 발
동작을 은밀하게 이동하고 상대의 신체 움직임에 따라 완급의 리듬
을 맞추어야 한다. 상대 선수가 단신이면 가능한 근거리 접근보다 먼
거리를 두면서 중단세의 겨룸을 유지하고 기회가 일어나면 일보 전
진으로 손목머리나 머리 공격을 시도해야 한다. 상대 선수의 빈틈이
보이는 순간 전광석화처럼 강하게 뛰어들어 공격의 기회를 성공시켜
야 한다.

　경기 코트로 출전하기 직전 경기를 풀어가는 전략을 가슴에 새기
면서 경기선으로 들어갔다. 그러나 경기선으로 몇 발짝 걸어 들어오

검도는 0.1초의 순간 - 손목

는 상대 선수의 어설픈 모습과 동작에서 경험이 얕고 실력이 그다지 높지 않다고 추측했다. 상대 선수에 대해 이렇게 낮은 평가를 스스로 내리는 순간 긴장이 풀리면서 경기의 냉정함도 느슨해진다. 오히려 제자들 앞에서 호쾌한 머리 타격을 보여 줌으로써 검도경기의 가장 아름다운 기술을 보여주리라 결심하였다. 그럴수록 마음의 빈틈이 더 넓어지고 있다는 것을 나는 알지 못했다.

검도경기에서의 승패는 순간에 결정된다. 적절한 각성에 따라서 침착해야 하고, 냉철한 관찰력을 통해 경기를 관찰해야 함에도 불구하고 나는 일시적인 공명심에 빠져 있었다. 경기시작을 알리는 심판의 신호와 동시에 나는 경솔해졌고 자만심에 빠지기 시작했다. 상황을 세심하게 판단하려는 마음도 없이 무모하게 2보를 연속 전진하였다. 그리고 상대 선수가 공격 유효거리로 들어왔다고 판단이 들었을 때 상체가 앞으로 약간 쏠린 자세를 취하면서 몸을 던지듯 그의 머리를 강하게 치고 들어갔다. 경기 전 외적 신체에서 판단한 나의 허영심으로 인하여 차분한 정신력을 모두 상실하고 말았다.

순간, 타격의 목표는 이미 눈에 보이지 않았다. 그는 곧장 머리를 치고 들어오는 나의 허리를 찔러 간결하게 허리를 베고 '쑥~' 나가버렸다. 눈 깜짝할 순간의 일이었다. 심판 3명 모두 상대 선수의 득점을 인정하는 흰색 깃발을 높게 올렸다. 너무나 순간적이라 머리가 텅 비어버렸다. 나도 모르게 한 판패를 당하는 순간, 심판의 깃발을 확인하기보다 제자들이 관람하고 있는 관람석으로 고개가 먼저 돌아갔다. 제자들에게 모범적인 경기를 보여주는 것으로 시각적인 학습을 시키겠다는 목표의식이 물거품이 되는 순간이었다. 검도의 진실은 외적인 멋보다는 정신이 더 중요한 것이 아닌가. 지도자로서 학생들에게 참으로 부끄러운 모습을 보여주고 있었다.

멋진 한 판을 보여주겠다던 주인공의 허황된 환상은 비극적인 결과를 초래하고 말았다. 창피했다. 정신이 아득했다. 온 몸이 경직되면서 얼굴은 화끈거렸고 머리는 텅 빈 공황상태였다. 절대적 위기를 극복할 방안을 도저히 생각나지 않았다.

'방심했어, 방심했어, 바보처럼', '드라마의 주인공도 아닌데 절박하고 냉정한 검도경기에서 어떻게 멋있는 한 판의 공상을 할 수 있나, 임철호.', '그래, 1분도 지나지 않았어. 아직 3분이 더 남았어, 다시 시작하는 거야!', '충분해! 침착하게, 주의 집중해.', '관람석에서 응원하는 제자들이 시각적인 학습을 하고 있는 거야. 냉정해야 한다!'

확고한 목표의식을 재인식하면서 자화와 감정전환의 심리기술을 적절히 활용하려고 힘썼다. 혼란스러운 몸과 마음을 추슬러 안정된 마음을 빨리 회복시키고 유지하는데 최선을 다하기 시작했다.

주심의 '두 판째' 신호로 경기는 다시 시작되었다. 경기 점수는 0:1. 상대에게 한 점만 더 주면 경기에서 완전히 패배하여 탈락한다. 나머지 시간 안에 동점을 내지 못해도 경기에서 패한다.

'나의 목표는 지도하는 학생들에게 시각적인 학습이 될 수 있는 성실한 경기 모습을 보여주는 것이며 대회에서 우승하는 것이다. 침착하자, 그러나 너무 소심하게 경기를 한다면 역전시킬 가능성이 더욱 희박해진다.'

먼저 상대 선수에게 한 점을 뺏겼을 경우, 두 점을 얻어 경기를 역전시킨다는 마음으로 서두르면 절대로 원하는 긍정적인 결과를 얻을 수 없다. 이러한 판단은 대회 현장에서 수많은 시합을 거치면서 얻은 지혜다. 우선 안정된 심리상태에서 차분한 경기 운영을 이끌어 승리의 두 판이 아니라 우선 한 판을 얻어 1:1의 동점을 만든다는 전략으로 경기를 차근차근 풀어나가기로 했다. 그러자 초조하고 불안하던 마음에 여유가 찾아왔다. 급하게 경기를 수행할 필요가 없어졌다. 마음에 여유가 생기자 역전 할 가능성도 오히려 높아졌다.

이제부터 3분을 충분히 활용해야 한다. 조급하게 시합을 진행할 필요가 없다. 검도시합에서 한 점을 획득하는데 소요되는 시간은 1초가 걸리지 않는다. 그러므로 상대 선수로부터 득점하기 위해 강한 목표의식을 유지하면서 안정된 심리를 지향하는 것이 소중했다. 경기 부담감에서 발생하는 과도한 긴장과 0:1의 점수에서 오는 패배감의 부정적인 심리를 적절하게 조절하면서 남은 시간을 전략적으로 잘 이용하면 얼마든지 불리한 경기를 역전시킬 기회를 잡을 수 있는 것이다. 불안한 정서를 안정시키고 고조된 긴장을 스스로 조절했을 때 상대의 움직임을 올바르게 파악할 수 있는 적절한 주의집중력을 가질 수 있었다.

상대 선수는 먼저 한 판을 통쾌하게 선취 후 지나친 자신감을 가지고 있었다. 그는 발과 죽도를 적절히 활용하면서 공격의 유효거리를 예리하게 판단하고 공격 타이밍을 섬세하게 계산하는 신중함을 무시하였으며, 서둘러 마지막 한 판을 마저 득점하여 멋진 승리로 경기를 마무리 지우려는 의욕이 충만하였다. 그러나 지나친 집착과 욕심은 한 곳에 마음을 집중시켜 상대 선수의 움직임을 제대로 파악하는데 어렵게 할 뿐만 아니라 전체적인 경기 흐름을 올바르게 판단하지 못하게 한다. 오히려 지나친 자신감은 자신의 경기력을 충분히 발휘하는데 부정적인 영향을 미치고 상대 선수에게 자신의 약점만 더욱 노출시킨다. 그의 공격이 일어나려는 조짐을 직감적으로 간파한 순간, 짧은 일보전진과 동시에 상대 공격보다 내가 먼저 공격하는 선의선 기술로 손목을 짧지만 강하게 찍었다. 그는 갑작스러운 나의 짧은 공격에 당황하여 반사적으로 머리를 공격하기 위하여 손을 들다가 나에게 손목을 내주고 말았다. 3명의 심판 전원이 득점으로 인정하면서 힘차게 청색 깃발을 들었다. 게임 스코어는 1:1이 되었다.

이제부턴 누구든 먼저 한 점을 얻는 선수가 이기고 경기는 끝난다. 이제부터가 중요하다. 경기는 약 1분 30초 정도 남았다. 결코 서두를 필요가 없다. 침착하고 냉정해야 한다. 의외의 역습을 당한 상대 선수는 더욱 당황하고 긴장해 있을 것이다. 인내심을 가지고 상대의 움직임을 섬세하게 파악하면서 결정적인 기회를 기다리면 상대 선수의 허점이 보일 것이다. 상대 선수가 모든 것을 버리고 몸을 던져 공격할 때 역전시킬 가능성이 높아진다. 양 선수는 긴장된 가운데 네모진 경기장에서 유리한 거리를 안전하게 확보하기 위하여 전후좌우 이리저리 경쾌한 발 움직임을 펼치면서 죽도 끝을 짧고 빠르게 교차하기 시작했다. 마치 의사가 환자의 몸속을 청진기로 진찰하듯이 죽도의 연속 부딪침은 상대 선수의 의중을 조금이라도 날카롭게 간파하려는 시도이다. 이때 서로는 상대의 눈에 온 신경을 집중하고 있었다. 드디어 그의 움직임에서 결정적인 틈이 노출되었다. 긴박한 두 죽도 끝의 겨룸 자세 속에서 상대 선수는 유리한 공격 거리를 확보하기 위하여 짧고 빠르게 일보 전진하려는 찰나 내가 먼저 짧고 예리한 일보 전진하여 안전한 유효거리를 확보하였다. 그는 갑작스러운 나의 공격적 이동에 놀란 듯 뒤로 일보 후퇴했다. 바로 그 순간, 절호의 기회가 왔다. 상대 머리를 향하여 왕성한 기백과 강한 자신감을 가지고 뛰어 들어갔다. '퍽!' 경쾌한 소리가 상대의 머리에서 울렸다. 이번에도 3명의 심판이 간결하고 명쾌하게 득점의 깃발을 높이 들었다. 경기스코어 2:1. 드디어 역전승을 하면서 2회전의 어려운 고비를 극복하였다.

경기 시작과 동시에 다가온 위기의 순간을 맞이했을 때 당황하지

머리 혹 손목? - 최선을 다할 뿐이다.

않고 침착하게 어려운 상황을 회복하여 경기를 역전시킬 수 있었던
힘은 뚜렷한 목표의식에 있었다. 이러한 정신력은 최종적으로 그날
대회를 우승으로 마무리 짓는 결정적인 원인이 되었다. 따라서 2004
년 부산시장기검도대회에서 우승의 에너지는 스포츠 심리기술인 목
표의식이 중요한 토대가 되었다.

   엘리트 선수와 현장 지도자들에게 경기를 준비하면서 가장 중요
한 경쟁 심리기술을 조사했을 때 지도자들은 집중력과 자신감 등을
제시하였으나 선수들은 자신감과 뚜렷한 목표를 가질 때 경기력을
가장 극대화시킬 수 있다고 주장하였다.

   긴박한 검도경기에서 들뜬 마음과 경솔한 판단으로 치명적인 실
수를 범했을 때 초조하고 당황스러운 경쟁 심리가 발생한다. 그러나
부정적인 정서가 촉진되기 전에 긍정적인 심리를 통해 다시 경기에

몰두함으로써 자신의 기량을 최대로 발휘하여 경기를 승리로 전환시킬 수 있다. 이러한 최대 경기력은 검도를 지도하는 지도자로서 학생들에게 시각적인 학습을 전달하겠다는 굳은 목표의식과 우승에 대한 강한 정신력에서 유발된다.

다시 말하면, 경기 초반에 체험한 시행착오의 교훈과 뚜렷한 대회 목표를 향한 정신력은 대회 결승전까지 유지되었고 경쟁 심리에 강한 긍정적인 영향을 미쳤기 때문에 최종적으로 대회 우승을 할 수가 있었다. 그리고 나의 개인 우승보다 더욱 감동적이고 극적인 기쁨이 나에게 전해졌다. 옆 코트에서 나보다 좀 늦게 결승전 경기를 수행하고 있던 제자가 나의 우승에 이어서 우승을 차지하였던 것이다.

2004년 부산시장기 검도대회는 사제가 함께 출전하여 동반 우승하는 감격적인 추억을 가슴속에 영원히 남겼다.

마틴스 ^{Martens}의 심리에너지 이론 06

상식, 경험을 과학적 지식으로 체계화 시켜라

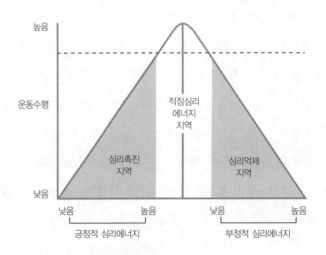

낮음

높음

운동수행

적정심리
에너지
지역

심리촉진
지역

심리억제
지역

낮음

낮음   높음   낮음   높음

긍정적 심리에너지   부정적 심리에너지

● 마틴스의 심리에너지 이론

　　선수들은 경기 수행을 하면서 긴장, 초조, 스트레스, 두려움, 걱정
등 많은 경쟁불안이라는 부정적인 심리상태를 경험한다. 선수들이
긴박한 경기 수행에서 발생되는 부정적인 경쟁 심리는 쉽게 극복하
기 어려운 문제이며 정신적인 괴로움의 원인이기도 하다. 그리고 선
수들이 시합 전에 경험하는 불쾌한 정서는 경기에서 자신의 잠재적
인 기량을 충분히 발휘하는데 가장 큰 장애가 된다.

마틴스Martens(1987)는 스포츠 경기에서 선수들이 체험하는 인지적인 각성불안, 긴장, 초조, 이질적 환경 인식, 부정적인 예측 등이 경기 수행에 반드시 부정적인 영향을 미치는 것이 아니라 어떻게 수용하고 해석하느냐에 따라 이러한 심리상태가 긍정적인 역할을 할 수가 있고, 부정적인 작용을 할 수 있다고 주장한다.

마틴스Martens는 운동선수들이 스포츠 경기에서 발생하는 다양한 심리적인 정서를 근성, 오기, 패기, 모험심, 경쟁심 등 긍정적인 요인으로 해석하면 긍정적인 에너지가 발생하여 자신의 실력을 최고로 발휘할 수 있는 동기로 강화된다고 주장했다. 반대로 이러한 심리적인 반응을 불안, 두려움, 공포, 걱정 등 부정적인 요인으로 해석하면 부정적인 에너지가 발생하여 운동 수행에서 선수 자신의 운동기량을 극대화시키는데 매우 부정적인 영향을 미친다고도 주장했다.

매년 7월 남해검도대회가 시작되기 약 1주일 전 부산시장기검도대회가 먼저 개최되었다. 나는 2006년 부산시장기검도대회에서 5인조 단체전 경기에서 주장으로 출전하였으며 3회전에서 한 번 정도의 위기가 있었지만 대부분의 경기에서 무난히 승리를 하여 단체 우승컵을 잡았다. 내가 소속된 도장이 그동안 여러 대회에서 개인, 단체 우승을 많이 하였지만 부산시장기대회에서 단체우승은 도장 개관 이후 20년 만에 처음이었다. 그 대회에서 경기 마지막 결승전의 주장전은 나에게 특별한 의미가 있었다. 상대팀의 주장은 나보다 10년 정도 젊었지만 검도계에서 이름이 알려져 있던 선수였다.

2005년 남해검도대회 5인조 단체 경기에서 우리 팀은 그 선수 팀
과 8강에서 겨루었다. 그는 상대 팀의 중견이었다. 그날 경기에서 우
리 팀은 패배가 결정된 듯 했다. 선봉은 비겼고, 2위는 0:1로 패, 중견
은 0:2로 패, 부장은 1:0으로 승을 기록하면서 전체 스코어가 1:2 상
태였다. 전체 본수도 2점이 뒤지고 있던 상황. 주장전에서 내가 승리
해야 하는 것은 물론이고 4분 동안의 경기에서도 2:0으로 이겨야 겨
우 대표전을 할 수 있는 절박한 상황이었다. 주장인 나에게 맡겨진 책
임감은 막중했다. 그런데 그 책임감이 불안하고 초조한 정서를 일으
키는 부정적인 경쟁 심리가 아니라 위기 상황을 극복하기 위해 냉정
하고 침착한 각성상태를 유지하면서 긍정적인 심리상태로 연결되고
있었다. 주장전에 대한 강한 책임의식과 절박한 경기 상황을 오히려
인지재구성이나 자화 등 스포츠 심리기술을 적용하여 긍정적인 경쟁

부동심不動心 – 스포츠는 자기절제를 수련한다.

동기로 전환시켜 침착하게 경기에 몰입할 수 있도록 하였다. 그 결과 나는 그 경기를 2:0으로 극적인 승리를 할 수 있었다. 이제 전체 팀 스코어가 2:2, 본수도 3:3으로 동일하기 때문에 각 팀에서 제일 우수한 선수가 팀 대표로 출전하여 8강전 단체 팀 승패를 결정하는 대표전을 수행해야했다.

　대표전에서 승리하는 팀이 4강에 진출하므로 대표전을 수행하는 선수의 역할은 매우 중요했다. 그의 어깨에 팀 전체의 운명이 걸려있는 것이다. 그날 시합 직전 우리 팀의 지도자는 나에게 그 역할을 맡겼다. 나는 자신이 없었다. 아니 거절하고 싶었다. 대표전에서 패하면 극적으로 승리한 주장전의 감동과 영광을 완전히 잃게 된다. 게다가 모든 책임이 나에게 전가되어 팀 패배의 수모를 스스로 감수해야 된다. 그런 생각을 하다 보니 벌써부터 부정적인 경쟁 심리가 마음속에 자리 잡기 시작했다. 긴박한 상황에 부딪쳐 현실도피적이고 패배주의적인 생각은 마음 깊은 곳에서 부정적인 에너지를 발생시키고 있었다. 그러나 그 당시 현장의 분위기를 감안해 볼 때 내가 대표전의 막중한 책임을 맡는 것이 가장 적절한 상황이었다. 마음속에서 자신이 없고 의욕이 상실된 부정적인 심리를 안고 있었지만 전체 분위기에 따라 결코 거절할 수가 없었다. 상대팀에서는 중견으로 출전하여 2:0으로 승리한 그 젊은 선수가 팀 대표로 선발되었다. 나는 무거운 책임감과 부정적인 경쟁 심리상태에서 경기를 신중하게 하겠다는 전략이 오히려 소심하고 결단력이 없는 경기 수행으로 진행되면서 날카롭고 위협적인 공격을 시도조차 제대로 하지 못하였다. 이렇게

스포츠는 한마음 - 경기하는 동료 관전

소극적인 경기를 펼치면서 주로 방어에 의한 후의선의 공격만 치중
하다가 상대 선수의 과감한 머리 공격에 패배하고 말았다.

2005년 남해검도대회에서 굴욕적인 패배를 당한지 1년 후, 그를
2006년 부산시장기 검도대회의 결승전에서 주장의 자격으로 다시
만난 것이다. 1년 전 패배의 부정적인 감정과 불안감을 떨쳐 버리고
오직 최선을 다해야 한다는 강한 의지와 집중력으로 경기 수행에 임
했을 때 신체에 생리적인 활력과 심리적 안전감을 얻었다. 체력과 스
피드가 우수한 젊은 선수는 1년 전 나를 이겼다는 우월감과 자신감에
상당히 여유를 보여주고 있었다.

과잉의 자신감은 칼과 몸의 움직임에 활력을 떨어뜨리고 집중력
을 분산시키고 있었다. 경기 리듬의 탄력성과 예민함이 부족하였다.
긴장이 풀린 상태에서 한걸음 전진해 오는 상대는 방심하는 기색이

역력했다. 순간 상대 선수를 향해 강하고 빠른 손목 공격을 시도했다. 예상하지 못한 날카로운 공격에 상대는 몸을 뒤로 기울면서 내 공격을 방어하기에 급급했다. 순간 방심하는 틈을 놓치지 않고 나는 제 2의 공격으로 날카롭게 머리를 '쑥' 치고 들어갔다. 깜짝 놀란 상대 선수는 급히 한 발 물리면서 고개를 뒤로 젖혀 칼을 피했다. 하지만 거리가 너무 짧았다. '퍽' 소리와 함께 내 칼이 그의 머리를 강타했다. 1:0. 한 판을 먼저 득점했다. 상대 선수에게 예견하지 못했던 머리 타돌이었다. 상대 선수는 당황하는 기색이 역력했다.

두 판째 경기 시작과 동시에 상대 선수는 빼앗긴 점수를 만회하기 위해서 서두르기 시작했다. 지금까지의 자신감과 여유는 사라졌다. 젊은 선수의 체력과 스피드를 앞세우면서 성급하게 공격을 시도하기 시작했다. 그러나 초조와 긴장의 부정적인 심리상태에서 조급하게 공격하는 상대 선수는 더 많은 약점들을 노출시키고 있었다. 칼의 중혁中革이 겹치는 공격 거리의 긴박한 순간에도 허점들이 고스란히 노출되고 있었다. 그가 앞으로 나가기 위해 한발을 움직이는 찰나를 놓치지 않았다. 페인트 모션으로 그의 마음과 칼끝을 흔들었다. 상승된 긴장과 흥분으로 날카로운 판단도 없이 급하게 머리를 타격해 들어오는 공격을 미리 눈치 챈 나는 길목을 기다리고 있었다. 그의 칼이 머리에 닿기 전에 나의 예민한 칼이 손목의 빈틈을 반사적으로 찍었다. 경쾌한 소리와 함께 주장전은 2:0으로 마무리하면서 1년 전 패배의 수모를 깨끗이 설욕하였다. 드디어 우리 도장이 부산시장기 검도대회에서 20년 만에 단체전 우승기를 거머쥐는 순간이었다.

부산시장기 단체전 첫 우승 - 20년의 긴 여정 후

　단체전 우승한 일주일 후 남해검도대회에 참가하였다. 우리 팀은 아침에 출발하여 경기 1시간 전 남해체육관에 도착했다. 다른 팀 선수들은 벌써 도착하여 도복을 갈아입고 시합을 대비하여 몸을 풀고 있었다. 나의 동료들도 서둘러 도복을 갈아입고 몸을 풀기 위하여 체육관 안으로 들어갔다. 그리고 다른 선수들의 연습을 지켜보면서 경기 전략과 마음의 준비를 하기 시작했다. 나는 도복을 갈아입고 성급히 몸을 푸는 대신 체육관 앞 잔디밭 중앙에 있던 정자에 자리 잡고 앉았다. 긴박한 검도경기를 뒤로 한 채 푸른 잔디 위에 말없이 서있는 정자는 믿기지 않을 만큼 여유롭고 고요했다. 가까운 바다에서 불어오는 바람은 시원했고 정자 위는 평화로웠다. 정자의 평화로움은 경기를 앞둔 선수들에게 안정과 여유를 주고 있었다. 시합을 앞둔 불안과 긴장은 차분하게 가라앉고 있었다. 나는 평소처럼 정자에 자리를 잡고 앉아서 책을 읽으면서 평상심平常心을 찾았다.

긴박한 검도경기를 앞둔 선수가 도복을 입고 정자에 앉아 느긋하게 책을 읽고 있으니 신기했던지 지나가는 사람들이 힐끔 거렸다. 옆자리에 앉아서 이야기를 나누고 있든 여성 두 분도 의아한 눈길로 나를 바라보더니 말을 걸어왔다.

"이번 시합에 출전하는 분 아니세요?"

"아, 네. 출전합니다."

그분들은 내 대답에 놀라는 기색이 역력했다. 이후에도 질문을 계속됐다. 질문 내용은 다른 선수들은 저렇게 열심히 몸을 풀면서 경기를 준비하고 있는데 어찌 이렇게 무심하게 독서하고 있느냐는 것이었다.

'그냥 경험 삼아 출전 해 보려고요!' 라는 대답으로 대화는 끝났다. 경기가 시작되기 10분 전 나는 간단히 몸을 풀면서 시합을 준비하였다. 32강 경기를 승리로 마무리 짓고 장외에서 검도 장비를 벗고 있을 때 정자에서 나와 말을 주고받았던 여자 분이 옆에 다가와 인사했다.

"수고하셨습니다,"

"아, 네~"

얼떨결에 인사를 받았다. 그러자 그 여성은 옆에 서있는 남자를 소개하면서 자신의 남편이며, 조금 전 나와 경기를 하였다는 말을 전했다.

"아, 그래요, 미안합니다."

체육관 앞 정자 - 정중동의 독서

"아니에요, 참 잘 하시네요, 꼭 우승 하실 것입니다."

"감사합니다."

16강을 준비하고 있을 때 동료 선수가 나에게 다가와서 알려준다. 상대 선수가 장년부에서 우승한 경험이 있으며, 1년 전, 지금 출전한 중년부로 올라오면서 바로 우승하였으니 신중하게 경기해야 한다는 말이었다. 그러한 정보는 나에게 심리적으로 불안과 긴장을 유발시킬 수 있는 자극이었다. 하지만 나는 '음, 잘 됐어! 나도 부산에서는 한 칼 하지, 내가 이 선수를 이기면 이번 대회에서 단번에 이름을 좀 알리겠는 걸.' 하면서 전의를 다지는 계기로 삼았다.

그에 대한 정보를 부정적인 심리초조, 긴장, 걱정 등보다 패기나 자신감을 갖는 심리상황으로 해석하여 긍정적인 경쟁심리를 유도하였던 것이다. 그러나 그와 대적하여 긍정적인 결과를 얻기 위해서는 냉정하게 경기 전략을 세워야했다. 나보다 거의 10년 정도 어린 나이 차이에 전 대회에서 우승한 경험이 풍부하기 때문에 기술과 스피드에서는 나보다 우수할 것이다, 그렇다면 빠른 정면 승부나 모험적인 공격보다는 천천히, 신중하게 대적하면서 경기 4분 중 거의 3분 이후, 1분을 남겨두고 틈이 보이면 결정적인 득점으로 연결시키는 공격으로 경기를 마무리 짓는 것이 적절한 전략이다.

출전한 많은 선수들과 관중들이 우리 경기를 관심 있게 지켜보고 있었다. 누가 이길까? 작년 우승자인 젊은 선수일까? 나이든 부산 선수일까? 그런 눈치였다.

나 역시 부산에서는 이름이 조금 알려진 검도 선수였다. 호락호락하게 당할 만만한 상대는 결코 아니었다. 누가 승리를 하든지 이번 대회에서 우승 후보가 될 수 있는 선수들이기에 관중들의 관심이 더욱 집중되었다.

예상했듯이 그는 처음부터 스피드와 기술을 앞세워 거침없이 밀고 들어왔다. 침착하게 방어와 공격을 번갈아 하면서 계속 그의 빈틈을 노리고 있었다. 젊은 상대 선수는 3분의 경기가 거의 끝날 때까지 자신 있게 공격을 하였지만 의지대로 경기가 잘 풀리지 않자 긴장하고 당황스러워 하였다. 이런 경쟁 심리에서 그는 칼의 유효 거리와 타돌 타이밍의 섬세한 계산을 무시한 채 무리하게 공격을 시도하면서 모험적인 경기를 진행하고 있었다. 거의 4분이 경과되는 종료 직전, 지속적으로 나의 마음을 냉철하게 통제하면서 인내심을 가지고 기다리던 내게 절호의 기회가 포착되었다. 그가 공격의 유효거리를 확보하기 위하여 무심코 한 보폭의 거리를 좁혀 앞으로 들어오려는 순간 짧게 그리고 단숨에 일족을 전진하면서 그의 손목을 순식간에 찍었다. 기량이 뛰어난 젊은 선수도 반사적으로 손목을 되받아 거의 동시에 나의 머리를 쳤다. 간만의 차이로 '따, 닥' 하는 2번의 소리가 경기장에 울려 퍼졌다. 누가 먼저인지를 구분할 수 없을 정도로 간격이 짧은 소리였다.

나는 손목을 짧게 타격한 후 존심存心을 강하게 유지하면서 마음속으로 '심판들이 오심을 하면 어쩌나! 상대 선수의 머리타격보다 분명히 내가 먼저 손목으로 득점을 하였는데.' 라는 생각을 하면서 심판들의 손을 쳐다보았다. 그러나 이미 3명의 심판들은 모두 나의 청색 깃발을 들고 손목 득점을 인정하였다. 정말이지 그 순간에 심판들이 너무 훌륭하고 고맙게 느껴졌다.

주심이 '두 판째!' 경기를 선고하는 순간 경기 종료 신호가 울렸다. 남해검도대회의 16강전은 장년부의 우승자이자 작년 중년부 대회의 우승자를 상대로 한 승리였다. 나에게 무거운 부담으로 전달될 수 있는 부정적인 심리상태를 긍정적인 경쟁 심리로 해석하고 유도함으로써 자신의 잠재적 실력을 극대화시키는 경기를 수행할 수 있었던 경기였다.

이렇게 16강전의 경기를 극적으로 극복하고 8강전을 위해 출전을 준비하고 있는 데 주임 심판으로부터 8강 경기는 시간관계상 내일로 미뤄졌다는 연락을 받았다.

결국 내 경기는 다음 날이던 일요일 아침 첫 시합으로 결정되었다. 하지만 그날 나는 경기에 지각을 하고 말았다. 남해가 고향인 동료 선수의 집에서 하룻밤을 보내고 새벽에 경기장으로 나올 생각이었다. 하지만 동료 어머님이 정성스럽게 아침을 차려 주시는 바람에 외면할 수 없어서 그것을 다 먹고 오다보니 경기에 늦어버린 것이다.

급히 경기장에 도착해보니, 이미 상대 선수와 심판은 경기장에 나와 있었다. 심판석에서 '임철호 선수, 빨리 출전하지 않으면 기권패 처리합니다.' 고 주임 신판의 목소리가 이어지고 있었다. 나에게 심리적으로 부정적인 각성을 유발시키는 절박하고 혼란스러운 상황이었다. 마음이 초조하고 조급해졌다. 나와 경기를 수행할 상대 선수는 이미 몸을 풀고 만발의 준비를 갖춘 상태였다. 막 도착한 나는 준비운동은 고사하고 경기를 위한 도복도 갈아입지도 못한 상태였다. 마음은 초조했고 몸은 경직되어 있었다. 심리적으로 몹시 당황하고 긴장이 고조되었다. 하지만 나는 이 상황을 기회로 만들 결심을 했다. 스포츠 심리학 연구를 통해 지금까지 익히고 훈련한 스포츠 심리기술을 실제적인 경기 현장에서 적용해 보기로 한 것이다.

나는 '인지재구성', '전환이론', '자화'의 심리기술을 머릿속에 떠올리면서 초조, 긴장, 불안으로 인한 지금의 부정적인 각성과 정서를 긍정적인 심리로 전환시키면서 냉정하게 목전의 시합에 대한 전략, 전술을 구상하기 시작했다.

첫째, 지역 경기도 아니고 여러 지방으로부터 선수들을 초청한 대회에서 비록 시합시간은 약간 늦었지만 출전 선수가 심판 앞에 나타났는데 경기를 취소시키는 가능성은 거의 없다. 그러므로 기권패 처리는 없을 것이다.

둘째, 상대 선수는 몸을 충분히 풀었고, 나는 도복을 갈아입고 곧바로 경기장에 들어가야 하기 때문에 시합을 시작하면서 경기 4분의 시간을 충분히 이용하자. 즉 처음부터 서둘러 공격을 하지 말고 몸을 서서히 풀면서 기량이 제대로 발휘될 3분 정도의 경기 시간을 안전하게 유지하고 나머지 1분에서 결정을 내자. '임철호, 넌 충분히 해낼 수 있어!'

셋째, 이런 상황에서 내가 긴장하고 불안할 것 같지만 오히려 '먼저 출전하여 경기 코트에서 기다리고 있는 저 상대 선수가 더욱 불안하고 초조할 것이다. 내가 당황할 필요가 없다.'

도복을 천천히 갈아입으면서 짧은 시간 동안 인지재구성과 자화라는 스포츠 심리기술을 최대로 활용하여 객관적으로 불리한 경기 상황을 유리한 조건으로 전환시키는 해석으로 마음을 훨씬 안정시키기 시작했다. 그때부터 자신감이 상승하고 있었다.

내가 경기장에 들어가자 주심의 경기 시작 휘슬이 울렸다. 예상했던 대로 상대 선수는 성급했다. 흥분하였으며 무리한 공격으로 자신의 리듬을 스스로 흩트리기 시작했다. 긍정적인 경쟁 심리로 정신무장을 갖춘 나는 그런 상대 선수를 보면서 몸과 마음을 적절한 각성상태로 만들었다. 침착하고 동요가 없는 부동심不動心을 유지하면서 상대의 빈틈을 찾았다. 발을 조심스럽게 움직이면서 상대에게 공격 타

스포츠는 실천적 철학 – 일타일도 一打一道

이밍을 노출시키지 않으려 애썼다. 그러면서 그의 빈틈을 정확하게 포착하였다.

　덕분에 8강 경기는 거의 1분 내에 2:0으로 승부를 갈랐다. 나에게 매우 당황스럽고 불안한 상황을 스포츠 심리기술을 활용하여 가장 감동적인 기쁨을 안겨 주는 승리로 만들었다. 8강전에서 철저히 경험한 스포츠 심리기술에 대한 자신감은 그날 검도대회에서 개인전 우승을 할 수 있는 든든한 에너지이며 나만의 비밀 무기가 되었다.

포스터Foster와 포터Porter(1986)는 운동 수행에서 최소 50%는 기술과 체력보다는 심리적 요인의 조절능력에 따라서 좌우되며, 특히 골프나 테니스 그리고 피겨 스케이팅 등과 같이 섬세한 운동 종목은 80~90% 정도가 심리적 능력에 의해 최고 경기력이 결정된다고 하였다. 특히 사격, 양궁 등과 같은 운동 수행에서는 움직임이 거의 없고 소근육을 사용하며 교감신경의 자극을 절대적으로 조절해야 하는 폐쇄 종목의 선수들은 경기 상황에서 경험하는 심리적인 요인불안, 스트레스, 집중력, 적절한 각성 등을 조절하는 통제력에 의해 절대적으로 승패의 영향을 받는다고 주장하고 있다.

정대진(2000)은 스포츠 선수들은 경쟁적인 경기 상황에서 과도한 불안이나 긴장감 등 높은 각성을 경험하지만 인지재구성, 전환 이론 reversal theory 등 적절한 심리기술 훈련을 통해 심리적 불안을 조정할 수 있다면 스포츠 기량을 극대화시킬 수 있다고 주장한다. 어떤 선수는 뛰어난 체력이나 기술을 가지고 있으면서도 심리적인 문제를 적절하게 대처하지 못하여 기량을 충분히 발휘하는데 실패하여 패배하고, 또 어떤 선수들은 비슷한 실력이나, 더 우수한 실력을 가진 상대와 경쟁하더라도 심리기술을 효과적으로 활용하여 자신의 기량을 최대로 수행함으로서 승리로 이끄는 경우가 대단히 많다는 것이다. 특히 엘리트 선수나 프로 선수들은 경기력이 상승됨에 따라 유사한 체격, 체력, 신체 기술에 있어서 거의 표준화가 되어있기 때문에 스포츠 경쟁심리의 조절 능력이 최고 경기력을 결정하는 중요한 요인이 될 수 있다.

다시 말하면 선수들은 경기상황에서 발생되는 다양한 심리적 요인을 조절하여 긍정적인 정서로 전환시킬 때 스포츠 수행을 최고로 발휘할 수 있는 것이다.

각성, 불안과 주의집중의 상호관계 07

— 연습은 시합처럼, 시합은 연습처럼
각성이 적절하면 냉정한 판단력을 얻는다

　　스포츠에서 승리할 수 있는 결정적인 요인은 다양하지만 절박한 경쟁 상태에서 심리적으로 적절한 주의집중의 수준을 유지하는 것은 매우 중요하다. 주의attention의 개념에 대해서 여러 학자들이 다양하게 해석을 하고 있다.

　　자메스James(1890)는 주의에 대한 정의를 '여러 대상이나 생각 중에서 하나를 선택하여 분명하고 생생하게 마음속에 간직하는 의식의 집중concentration 또는 초점focus'이라고 주장하였다. 다른 학자들은 주의를 '특정 과제에 정신적인 노력을 기울이는 것', '동시에 발생하는 여러 가지 대상에 대하여 정신력을 효율적으로 분산시키는 것', '갑자기 발생되는 상황에 즉시 반응할 수 있는 준비성preparedness, 경계성alertness'이라는 정의를 내린다. 그리고 각성은 스포츠 경기에서 주의 집중의 다양한 변화에 직접적인 영향을 미치고 있다. 각성에 의한 주의 집중과 운동 수행의 상관관계는 스포츠 활동에 있어서 매우 밀접하게 연관되어 있다는 것이 많은 현장 경험과 연구를 통해 잘 알려져 있다. 특히 경기자의 경기력과 적정 각성수준의 관계를 설명하기 위하여 앞 장에서 설명한 욕구 이론과 역U자 가설, 최적수행지역 이론 등 수많은 가설과 이론들을 제시하고 있으며 스포츠 현장에서도 직, 간접적으로 스포츠 종목에 따라 다양한 각성수준의 적용을 시도하고 있다.

적절한 각성정도는 선수 개인의 특성과 운동 종목의 특성 그리고 숙련도에 따라서 다양하게 규정할 수 있다. 그리고 축구, 농구, 핸드볼 등 개방기능의 운동 종목과 사격, 양궁 등 폐쇄기능의 운동기능 유형에서도 운동 수행을 최대화시키는 적정수준의 각성은 상당한 차이가 있다. 특히 접촉경기인 검도, 유도, 태권도 등과 같은 종목의 운동을 수행하면서도 경기수준, 상대 선수의 특성, 자신의 컨디션에 따라서 각성수준의 다양한 변화와 주의집중의 폭을 가지고 시합에 임한다면 경기 수행의 능력을 최대로 발휘할 수 있으며, 좋은 경기결과를 얻을 가능성이 높다.

일반적으로 '연습을 시합처럼, 시합을 연습처럼'이라는 주문을 선수들에게 한다. 이러한 훈련 전략은 기술과 체력 단련보다는 심리적인 문제에 더 많은 비중을 두고 있다. 선수들이 연습할 때 집중력이 흐트러지기 쉽기 때문에 시합처럼 긴장감과 주의집중을 가져야한다. 그리고 시합에서는 과도한 긴장과 불안 등이 발생되므로 연습처럼 안정된 마음과 적절한 각성을 가지고 경기력을 최대로 발휘할것을 요구하는 것이다.

우수한 선수들은 스포츠 수행에서 불안한 심리상태를 통제하고주의집중을 한쪽으로만 쏠리게 하는 과잉의 각성을 조정하는 능력이매우 뛰어나다. 이처럼 운동선수들이 스포츠 수행에서 경기력을 저하시키는 부적절한 정서를 해소하고 개인의 특성, 운동 종목, 경기상황에 따라서 요구되는 적절한 수준의 각성과 주의집중을 유지할 수 있어야 시합에서 '연습용 선수', '시합용 선수' 라는 이분법적인 구분이있을 수 없게 된다. 그리고 모든 선수들은 자신이 훈련한 실력을 최대로 발휘하여 긍정적인 경기결과를 얻을 수 있다. 그러므로 선수와 현장의 코치들에게 중요한 과제는 선수의 성격 특성, 운동 종목 그리고적절한 각성수준의 상관관계를 올바르게 파악하여 운동 수행을 하고지도하는 것이다.

앞 장에서 2006년 남해검도대회 개인전 16, 8강전에서 주어진 경기 상황을 어떻게 해석하느냐에 따라서 긍정적인 에너지와 부정적인에너지를 얻을 수 있다는 마틴스Martens의 심리에너지 이론을 소개하였다. 그리고 남해검도대회에서의 여러 가지 어려운 상황을 극복하고 성취한 개인전 우승은 여전히 나에게는 감동의 사건이었다. 특히스포츠 심리기술감정전환, 전환이론, 인지재구성, 자화, 키워드 등을 배우고 훈련한

평검회 회원들, 준결승 선수(뒷줄 우측에서 9번째)

후 경기 현장에서 가장 유효적절하게 적용하여 성공한 대회였다.

2006년 남해검도대회에서 여러 경기 중에서 준결승전과 결승전 역시 오랫동안 기억에 남는다. 특히 준결승전에서 나와 경기했던 선수는 개인적으로 같은 검도클럽에 소속된 회원이었다. 이 대회에서 우승의 영광은 얻지 못하였지만 2005년까지 2년 연속으로 3위와 준우승을 차지한 실력이 우수한 검도인이었다. 서로 도장은 다르지만 평소에도 한 달에 한 번 클럽모임에서 검도 수련을 통하여 우정을 나누는 절친한 검우劍友이기도 했다. 서로 상대의 칼에 대한 특성을 잘 파악하고 있을 뿐만 아니라 성격까지도 깊이 이해하고 있다.

그는 보통의 키에 탄탄한 신체의 선수이며 몸은 민첩하고 칼은 짧고 빠르며 섬세하였다. 큰 칼을 잘 구사하지 않으면서 예리한 기술로 경기를 수행한다는 것은 극단적인 모험을 잘 시도하지 않는 스타일이라는 뜻이다. 모험적인 공격을 억제하고 경기 시간이 오래 걸리더라도 집중력과 인내심을 가지고 결정적인 빈틈이 나타나는 절호의 기회를 놓치지 않고 순식간에 승리하겠다는 전략이다. 자신이 패배할 가능성을 최소화하고 상대를 제압하려는 매우 지능적인 경기 전략이다.

이렇게 지능적인 전략으로 검도 경기를 운영하는 선수는 한 판을 선취하는데 4분의 경기 중 보통 2분 이상의 시간이 걸리기 때문에 한 판을 먼저 잃는다면 남은 시간에 한 점을 보충하거나 혹은 두 점을 얻어 역전승을 한다는 것이 거의 불가능하다. 더군다나 그는 먼저 얻은 한 판의 기회를 결코 놓치지 않을 것이기 때문이다. 그러므로 상대 선수가 안정된 각성으로 인내심을 가지고 침착하고 냉정하게 대적하지 않고 경기 시간이 길게 진행될수록 주의집중을 늦추거나 과잉의 흥분과 조급한 마음으로 섣불리 공격하면 그의 치명적인 덫에 걸려들어 패배하고 말 것이다.

준결승 경기가 시작되었다. 안정된 각성과 침착한 심리상태로 서두르지 않고 경기 흐름을 날카롭게 파악하면서 적절한 주의집중을 유지하였다. 빠르게 변화하는 그의 리듬에 약간 긴장된 움직임으로 대응하였지만 결코 성급한 모험을 시도하지 않았다. 먼저 한 판을 내주어서는 역전이 불가능하다.

역시 그는 짧고 날카로운 칼을 구사하면서 자신이 바라는 나의 큰 움직임을 유도하기 위하여 은밀하게 자극을 계속 시도하였다. 그런데 의외의 상황이 벌어졌다. 칼과 몸이 서로 마주치는 긴박한 경쟁상

준결승 검우와 함께
– 스포츠는 진정한 우정이다.

황에서 약간의 술 냄새를 맡을 수 있었다. 운동선수에게 알코올은 폭발적인 에너지는 발산할 수 있지만 지속성이 부족하며 섬세한 감각과 판단력을 떨어뜨린다. 순간 모험적인 공격을 시도하지 말고 그의 체력을 철저히 소모시키면서 연장전에서 결정을 내는 것이 유리할 것이라는 전략을 세웠다. 긴장되는 경기 과정에서 이러한 감수성과 침착한 전략은 적절한 경쟁 각성에 의한 주의집중을 유지하였기 때문에 가능하였다. 3분 정도의 긴박하고 긴장되는 시합시간이 지났을 때 그의 지능적이고 탄탄한 검도 스타일에 균열이 생기기 시작하였다. 하지만 나는 여전히 안정된 각성을 계속 유지하면서 냉정하게 경기를 대처하였다. 그는 체력이 점점 떨어지면서 당황하고 있었다. 점점 강한 긴장감이 행동으로 나타나기 시작하였다. 내부적으로 부정적인 심리변화가 발생하여 각성이 고조되었기 때문이었다. 상대 선수는 내 빈틈을 정확하게 읽지 못했다. 판단력이 흐려지면서 무리한 공격을 시도하기 시작했다. 그러나 나는 안정된 각성으로 적절한 집중력을 유지하면서 그의 심리적, 생리적 변화를 정확하게 간파하고 있었다. 그리고 더욱 냉정하게 경기 상황에 대처하였다. 그가 몸 받음의 상태에서 상대 선수의 태격머리를 치고 나가다가 경기선을 넘고 말았다. 시합장에서 노련한 선수가 각성이 지나치게 상승되어 집중력의 폭이 좁아지지 않았다면 이런 실수를 할 수가 없다. 적절한 각성으로 올바른 집중력을 유지하면서 경기를 침착하게 이끌어 간다면 비록 선수 뒤에 있는 공간일지라도 눈으로 확인은 불가능하지만 자신의 머릿속에 들어있어야 한다. 장외 반칙으로 인하여 내가 반판을 선점하였다. 그리고 바로 경기종료의 선고가 있었다. 검도시합에서는 한 판승이 아니고 반 판으로 승패를 결정할 수가 없기 때문에 두 선수의 준결승전 경기는 연장전으로 들어갔다.

그의 몸에서 옅은 술기운을 느끼는 순간, 연장전은 이미 내가 만들어놓은 전략이었다. 연장전까지 경기를 수행하는 상대 선수는 전날 밤의 술기운 때문인지 체력이 떨어지면서 점점 조급한 심리로 전환되었다. 결국 이러한 경쟁 심리는 각성을 촉진시키고 주의집중의 폭을 좁게 만들어 경기 흐름을 전체적으로 인지하는 판단력을 흐리게 하였다. 그의 안정적인 경기 스타일이 무너지면서 적절한 타이밍과 거리를 무시하고 무리한 공격을 자주 시도하였다. 체력이 떨어지는 상태

남해군수기대회 우승 - 장년부에서 1, 3위 동문과 함께

에서 초조하고 불안한 심리상태는 올바른 판단력과 정신력을 상실케 하였다. 이러한 부정적인 심리상태에서 심신은 둔해지고 마음은 한 곳으로만 고정되어 전체 경기 흐름을 파악하고 주변 환경을 올바르게 판단하는 능력이 떨어진다. 그는 다시 몸 받음에서 성공 가능성이 희박한 퇴격머리를 치고, 뒤로 몇 발자국을 급히 물려나면서 경기장 밖으로 나가는 결정적인 실수를 한 번 더 범하고 말았다. 장외 반칙 2번, 결국 한 판승으로 준결승전은 나의 승리가 되고 말았다.

남해검도대회 준결승전은 참으로 긴장되고 기나긴 혈투였으나 침착한 각성과 적절한 주의집중으로 인하여 경기에 방해가 되는 부정적인 정서긴장, 초조함, 불안 등를 충분히 극복할 수 있었다. 경기 흐름을 정확하게 파악하는 인지적 능력도 최대로 발휘되었다. 그래서 전혀 승패에 대해 예측할 수 없었던 긴박한 경기를 승리로 이끌 수 있도록 올바른 전략을 세울 수 있었다.

경기를 진행하면서 올바른 각성과 적절한 주의집중의 경쟁 심리는 남해검도대회의 격렬한 결승전조차 승리로 이끌면서 개인전 우승을 얻을 수 있는 에너지가 되었다. 이렇게 한 치의 오차를 허용하지 않는 검도 경기에서 우승은 체력과 기술 외에 스포츠 심리기술이 중요한 역할을 했다. 결국 2006년 남해검도대회에서 우승을 할 수 있는 강한 원동력은 기술과 체력뿐 아니라 스포츠 심리기술의 적절한 조화에 있었기에 가능한 일이었다.

각성과 불안은 주의집중의 범위와 아주 밀접한 관계가 있으며 경기를 수행하는데 매우 중요한 영향을 미친다. 즉 외부나 내부의 자극에 따라서 각성과 불안이 높아지면 생리적 현상으로 몸이 떨리거나 근육이 경직되고 심장박동과 호흡이 빨라지며 머리가 혼란스럽다. 그리고 안절부절 못하고 초조한 행동 증상으로 경기상황을 올바르게 관찰하는 주의집중의 폭은 좁아진다. 이처럼 상승되는 심리적, 생리적, 행동적 불안 증상 때문에 경기의 전체적인 흐름이나 상대의 움직임을 날카롭게 파악할 수가 없으며 마음이 한 곳에만 편중되어 경기력을 최대로 수행하는데 부정적인 영향을 미친다. 그러나 각성과 불안의 수준이 너무 낮아지면 주의가 분산되어 경기 외에 주변의 불필요한 정보까지 인식되므로 주변 환경을 의식하지 않고 순간적으로 판단하는 결단력이나 직관력이 현저히 떨어지게 된다. 그러므로 선수들이 스포츠 심리기술훈련을 통하여 운동 수행의 다양한 상황에 따라서 의도적으로 적절한 각성을 조절하여 주의의 폭을 넓히거나 좁히는 선택적 전환 과정을 효율적으로 처리할 수 있다면 시합에서 자신이 평소에 훈련한 체력과 기술에 의한 경기력을 충분히 발휘할 수 있을 것이다.

주의집중의 정의처럼 순간적으로 과제에 정신적인 노력을 기울이는 주의집중력도 상당히 중요하지만 무엇보다도 다양한 경기 과제를 성공적으로 수행하기 위해서는 주변으로부터 들어오는 많은 정보를 수용하면서 지나친 각성과 흥분을 지속적으로 조절하고 유지하는 것이 중요하다. 선수들이 경기 흐름을 섬세하게 감지하고, 경기 수행에서 충분히 자신의 실력을 발휘하기 위하여 경쟁 심리조절을 통해 유

아빠의 우승은 아들의 기쁨
- 스포츠는 세대 차이를 극복한다.

효적절한 각성을 유지하는 동시에 합리적이고 지속적인 주의집중이 요구된다. 그러므로 선수들은 스포츠 수행의 극대화를 위하여 적절한 각성과 안정된 주의집중이 매우 중요하다.

2006년 남해검도대회 우승은 또 다른 이유로 가슴속에 감동적이고 행복한 추억으로 남아있다. 경기 현장에서 스포츠 심리기술의 충분한 적용과 중년부(40~50세) 맨 끝 나이에서 얻은 우승이었기에 더욱 감동적이었다. 이 가슴 벅찬 감동과 기쁨을 가족에게 제일 먼저 알리고 즐거움을 공감하고 싶은 마음에 집으로 급히 전화를 걸었다. 하지만 아무도 받는 사람이 없었다. 토요일에 16강전을 마친 후 일요일 아침, 8강부터 첫 경기를 시작한 검도대회는 오전 일찍 우승자를 가렸다.

너무 기쁜 마음에 집, 아내, 아이들 모두에게 여러 번 전화를 했음에도 누구에게도 연락이 닿지 않았다. 빨리 알리고 싶은 심정이 두절된 전화 통화로 실망으로 변하고 있었다. 또한 통화가 안되자 불안해지기 시작했다. 몇 번이나 더 아내와 아이들의 핸드폰으로 연락을 시도했지만 통화가 되지 않았다. 시간이 지나자 우승의 기쁨보다 초조하고 불안한 마음이 더욱 강하게 자리 잡았다. 불길한 마음에 몇 번이나 더 전화를 걸었다. 마침내 아내와 통화가 되었다. 아내는 나의 걱정스러운 질문에 머뭇거리며 뚜렷한 대답은 하지 않은 채 계속 웃고만 있었다. 무심한 반응에 약간 화가 나기도하고 의아해 하고 있는데 아내가 '뒤돌아보세요!' 하는 것이다. 이게 어찌된 일인가? 아내가 나에게 미리 알리지도 않고 일요일 새벽 가족 모두를 데리고 부산에서 남해검도대회장까지 응원하러 온 것이었다.

　가족은 일심동체一心同體인가, 이심전심以心傳心인가, 역시 가족의 짙은 정은 남해검도대회에서 나에게 또 하나의 우승트로피를 안겨 주었다.

단서활용 이론 Cue utilization theory 08

– 절벽 슬로프 – 처절한 질주
지나친 각성은 불행을 초래한다

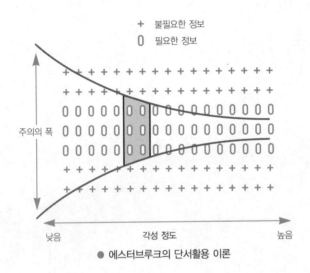

● 에스터브루크의 단서활용 이론

에스터브루크Easterbrook(1959)는 단서활용 이론에서 운동 수행에 영향을 미치는 각성 정도와 주의집중의 관계를 구체적으로 설명하고 있다. 그는 각성이 높으면 주의집중이 좁아지고 각성이 낮으면 주의집중이 넓어지므로 가장 효과적인 운동 수행을 위하여 적절한 각성 수준의 필요성을 제시하였다.

니데퍼Nideffer(1976)는 운동 수행에서 경험하는 각성과 불안의 경쟁 심리는 경기상황을 판단하는 주의집중의 변화에 직접적인 영향을 미친다고 주장했다. 즉, 운동 수행을 하면서 과도한 각성이나 불안이 증가하면 선수는 경기 흐름을 보고 판단할 수 있는 주의 범위가 좁아지기 때문에 경기에 부적절하고 유익한 정보의 인식도 어려워진다는 것이다. 그리고 각성정도가 적정수준 이하로 낮아지면 집중력이 부족하여 주의의 범위가 지나치게 넓어지므로 유효한 정보와 함께 부적절한 정보까지 인식하기 때문에 주의가 산만해져서 경쟁적인 운동 수행에서 순발력, 결단력, 집중력 등이 부족하여 자신의 실력을 충분히 발휘하는데 방해를 받는다. 이러한 스포츠 심리상태에서 선수는 주변상황과 상대 선수를 올바르게 판단하고 효과적인 운동 수행이 매우 어렵게 된다. 그러나 운동 수행에 적절한 각성수준에서는 역U자 가설에서 설명했듯이 불필요한 주변 정보는 배제되고 유익한 정보에만 주의를 기울이게 되므로 운동 수행이 더욱 섬세하고 향상되는 것이다. 예를 들어, 농구나 축구 경기를 하면서 선수가 공을 잡았을 때 각성이 매우 상승되었다면 마음이 한 곳에만 몰리어 전체 경기 흐름을 올바르게 파악하는 주의집중의 폭이 좁기 때문에 망설이다가 동료선수에게 적절히 패스하는 기회를 놓쳐 버리거나, 볼을 빨리 드리블하는 순발력을 상실하는 경우가 종종 발생한다. 그러므로 선수가 경쟁 경기에서 과잉의 각성으로 인하여 주의집중이 좁아지면 경기 수행을 극대화시키지 못하기 때문에 경기상황에 따라서 효과적인 각성수준과 주의집중의 폭이 중요하다.

스포츠는 아름다운 전율이다.

　덕유산에 위치한 무주리조트는 적절한 규모를 가진 아름다운 스키장이다. 지금은 스노보드에 대한 열정이 조금 식었지만, 처음 스노보드를 타던 7~8년 전만해도 내겐 지구상에 존재하는 가장 재미있고 짜릿한 전율을 일으키는 겨울 스포츠였다. 눈으로 덮인 가파른 슬로프slope에서 스노보드의 미끄러운 리듬에 몸을 맡긴 채 엄청난 속도로 하강할 때 차가운 공기가 얼굴에 세차게 부딪쳐오면 피부를 통해 느껴지는 스피드의 짜릿한 쾌감은 말로 표현할 수 없을 만큼 황홀했다. 강하게 질주하는 보드 위에 몸을 싣고 업다운up down의 부드러운 리듬을 타면서 롱턴long turn, 숏턴short turn을 연속으로 이어가며 스

겨울 덕유산 정상의 장엄한 정경

노보드의 날카로운 앳지edge가 하얀 눈을 양쪽으로 헤치며 자른다.
그리고 보드의 꼬리에는 끝없이 이어지는 S곡선을 남기며 흰 눈보라
가 허공 속으로 흩어진다. 넓게 펼쳐진 눈밭 위로 거칠게 질주하는
스노보드의 앳지가 두꺼운 눈을 양쪽으로 깊게 나누며 '싸르륵 싸르
륵' 하는 경쾌한 소리를 일으킨다. 발끝에서부터 몸을 타고 전달되는
감각적인 리듬은 감동적인 멜로디로 편곡되어 전신에 스며든다. 주
변 천지의 하얀 눈밭에서 흰 포말 같은 눈보라를 일으키며 엄청난 속
도로 질주하는 자신의 모습을 느낄 때 가슴속에 묻어 있는 세속의 때
를 깨끗이 씻어 내려 순백의 영혼을 간직하는 느낌이다.

가장 높은 슬로프로 향하는 리프트에서의 기다림은 흥분과 설렘의 순간이다. 산 정상을 향하여 점점 높이 올라가는 리프트에서 바라보는 눈 덮인 덕유산의 정경은 감동적이고 아름답다. 황홀한 설경 속에서 나의 존재를 잊어버리고 자연 속으로 동화되어 혼연일체가 된다. 산속 깊이 들어갈수록 바닥이 보이지 않을 정도로 안개는 짙은 층을 만들어 쭉쭉 위로 솟은 침엽수를 감싸고 있다. 짙은 안개 층을 뚫고 위로 솟은 침엽수 끝에 맺힌 하얀 눈꽃들은 마치 하늘 높은 상공에 무수히 떠있는 흰 탑처럼 황홀하고 신비스럽다. 세속에서 드러내지 못하고 가슴 깊이 묻힌 숭고한 영혼의 울림이 은은히 전해지는 것 같다.

눈꽃 위에 앉은 새들이 가까이 다가오는 리프트 소리에 놀라 날아갈 때 나무에 감돌고 있던 하얀 안개가 뭉글뭉글 흩어지면서 침엽수의 눈꽃들이 '우두둑 우두둑' 떨어져 내린다. 그 소리가 깊은 산속의 적막 속으로 퍼져들면서 고요한 정적을 깨뜨리니 산의 깊이가 더욱 무겁게 느껴진다.

리프트를 내린 후 산 정상에서 저 멀리 펼쳐진 눈 덮인 산의 등선들을 바라보면 바다의 하얀 포말 위에 거대한 갈매기 떼들이 가지런히 줄을 지어 멀리 날아가는 것만 같다. 만약 스노보드를 타지 않았다면 눈 덮인 겨울 산 정상에 올라서서 꿈속에서 조차 상상하기 어려운 아름다운 경치를 어떻게 즐겼을까. 하얀 눈으로 옷을 갈아입은 장엄한 덕유산의 풍경을 바라보니 자연과 함께 호흡하는 나는 숨이 막힐 정도로 살아있다는 기쁨과 희열을 맛보았다. 예전에는 겨울 산이

겨울 덕유산 정상을 향해 – 자연을 호흡하는 스포츠

이렇게 웅장하고 감동적으로 가슴에 와 닿을 줄 미처 몰랐다.

오! 아름다운 겨울의 덕유산이여!

오. 스노보드여!

산마루에서 불어오는 한 줄기 매서운 바람이 얼굴에 닿을 때 낭만적 감상을 단숨에 날려버린다. 정신을 집중해야 한다. 마음에 틈이 생기고 주의가 분산되면 미끄러운 눈 위에서 스노보드의 섬세한 앳지를 제어하는 일은 어려워진다. 그렇다고 긴장을 너무 많이 하여 각

아름다운 겨울 덕유산 정상에서

성이 높아지면 앞을 바라보는 집중의 폭이 좁아지기 때문에 넓게, 멀리 보지 못하고 눈앞에만 시선이 고정된다. 지나친 긴장과 불안은 모든 근육을 경직시켜 스노보드를 조정하는 통제력과 선택적 반응 능력이 상실되기 때문에 더욱 위험하다.

　스노보드는 스키처럼 각각 떨어진 발을 이용하여 무게 중심을 잡는 것이 아니라 두 발이 보드 한 곳에 고정되어 있기 때문에 몸의 균형을 잡기가 어렵고 움직임이 매우 부자연스럽다. 특히 보드를 타면서 역앳지가 걸려 넘어지면 무게 중심이 앞으로 쏠려 있기 때문에 몸이 공중에 뜨면서 머리가 거꾸로 바닥에 떨어지기 쉽다. 그래서 몸의 균형을 잡지 못하고 넘어질 때 두 다리를 즉시 위로 들어야 한다. 눈밭에 넘어지면서 다리를 공중으로 들지 않으면 몸통은 뒹굴지만 발에 묶인 보드는 스키처럼 충격으로 자동적으로 발에서 떨어져 나가는 것이 아니라 땅에 걸려 몸과 같이 돌지 않기 때문에 발목이 뒤틀려 부러질 염려가 있다. 그렇기 때문에 초심자들이 스노보드를 배울 때는 넘어지는 방법부터 철저히 익혀야 한다.

스노보드가 눈 위로 미끄러져 내려가면서 속도가 점점 붙으면 보드 위에 묶인 두발은 슬로프의 굴곡에 맞추어 강약의 리듬을 타면서 부드럽게 상하로 움직인다. 이때 몸의 무게 이동을 스노보드의 앳지에 세심하게 전달해야 한다. 약간의 오차도 허용하지 않는다. 그리고 지나친 불안으로 인한 과잉의 각성은 근육을 긴장시키고 주의집중의 폭을 좁게 만들어 운동 수행에서 유연한 동작이 어렵고 전방에 나타나는 장애물을 미리 간파하여 우회적으로 대처하는 순발력이 떨어진다. 이처럼 높게 상승된 각성상태에서는 스노보드 기술을 구사하는 데 방해가 된다. 그러므로 안정된 심리상태와 적절한 각성수준을 유지하면서 신체의 탄력성과 함께 넓고 먼 시각을 확보하는 것이 매우 중요하다.

무주리조트 정상 봉오리는 기나긴 굴곡의 슬로프를 가진 실크로드로 이어진다. 이쪽으로 올라오는 리프트는 이중으로 연결되어 있다. 초급자, 중급자들을 위한 슬로프에서 내려 다시 정상으로 향하는

우 우~, 절벽이다(절벽 슬로프) – 스포츠는 의지를 강화시킨다.

리프트를 타면 무주 덕유산에서 가장 높고 급경사를 가진 슬로프를
만날 수 있다. 중급자, 초급자를 위한 슬로프에는 이용객들이 항상
많고 복잡하여 속도감이 떨어지기 때문에 사람들이 없는 정상의 깊
은 슬로프에서 스노보드를 질주하면 속도감과 아름다운 절경을 동시
에 즐길 수 있다. 정상에서 리프트를 내린 후 보드를 타고 조금 내려
오니 많은 사람들이 가파른 슬로프 앞에 웅성웅성 모여있었다. 선뜻
내려가지 못하고 목을 길게 내밀어 밑을 내려다보고만 있다. 그 슬로

프는 너무 경사지고 위험하기 때문에 평소에는 잘 개방하지 않는 곳이다. 나도 그곳을 그냥 지나치지 못하고 무서운 절벽 슬로프 앞에 멈추어 섰다. 보드 경력 8년으로 매년 겨울이면 무주 스키장에 달려가는 일은 단 한 번도 거르지 않았던 나였다. 스노보드를 타면서 탄탄히 갈고 닦은 실력을 갖추고 있다는 자부심이 대단하던 때였다.

조금만 더 내려가면 역시 그곳에도 급경사의 슬로프가 있지만 그래도 이곳 보다는 약간 완만한 경사를 가진다, 그러나 여기서 나의 실력을 한 번 도전해 보고 싶었다. 아니, 감히 절벽 슬로프를 타지 못하는 그들에게 멋지게 뽐내고 싶었다. 여러 사람들과 함께 타고 내려갈 리듬을 찾으면서 적절한 타이밍을 기다리고 있었다. 하지만 그렇게 기다리는 시간이 필요하지 않았다. 아무도 급경사 슬로프로 용감하게 내려가려고 하지 않았다. 오직 목을 길게 내밀어 급경사 아래로 내려다보고만 있었다. 그러므로 기다릴 것도 없이 그냥 타고 내려 가면 된다. 하지만 마음과는 달리 나의 몸은 머뭇거리며 좀처럼 한 발짝 더 아래로 다가서기가 힘들었다.

급경사에서 균형을 잃고 넘어지면 심각한 부상으로 이어질 수 있다는 부정적인 예감과 많은 사람들이 지켜보는 바로 앞에서 처절하게 무너질지도 모른다는 상상이 나를 더욱 긴장시켰고 불안과 공포가 몸을 경직시켰다. 머리는 혼란스러웠고 몸은 무거웠다. 높게 상승된 각성과 짙은 불안감으로 머뭇거렸지만. 나는 스스로를 위로하면서 마음을 다잡았다.

"첫 번째 턴과 두 번째 턴만 잘 하면 몸의 리듬이 잡혀 무난하게 성공할 수 있을 거야."

"그래, 해보자"

"가자!"

불안하고 두려운 마음을 떨쳐내려는 듯 자신 없는 자화自話를 하면서 절벽 슬로프 아래로 훌쩍 뛰어내렸다.

가장 힘들고 중요한 첫 번째 턴, 그리고 약간 흔들리면서 두 번째 턴.

멋있는 자세는 아니었지만 두 번째 턴까지 성공한 후 고조된 긴장과 두려움 속에서 급경사의 슬로프를 질주하는 보드의 속도는 엄청났다. 이런 급경사의 슬로프를 내려가는 경우 평범한 슬로프와 다르게 무릎을 아래로 바짝 낮추고 강약의 리듬이 있는 업, 다운의 턴을 하면서, 업에서는 스노보드를 약간 공중에 띄워 턴과 동시에 다운에서 날카로운 앳지로 바닥을 '꾹, 꾹' 눌러야 한다. 급경사의 슬로프를 타고 내려올 때는 평소와 같은 앳지로 바닥을 밀면서 턴을 하면 그대로 미끄러져 버린다. 고조된 긴장과 높은 각성의 불안한 심리 상태에서 속도는 탄력을 받아 엄청난 가속도를 내고 있었다. 스노보드가 얼굴에 부딪치는 찬바람을 날카롭게 가르면서 슬로프의 중간 정도를 타고 내려왔을 때 '아차' 하는 순간에 보드가 빙판 위에 엎히고 말았다.

산악인들이 설산을 등정할 때 가장 두려워하는 것 중에 하나가 눈 속에 감추어진 낭떠러지의 틈, 크레바스crevasse다. 산악인들에게 있어서 그곳에 빠지는 것은 죽음과 같은 것이다. 위험하고 정신집중을 요하는 스포츠 수행에서 너무 긴장하여 주의집중이 한쪽으로 치우치면 전체 상황을 판단하는 시각의 폭이 좁아지거나 주의가 산만해진다. 바로 그 순간 불의의 사고가 발생한다. 스키장에서 보더들이 가끔씩 마주치는 빙판은 산악인들에게 크레바스와 비슷한 두려움의 대상이다. 경사가 부드러운 슬로프를 타고 내려 올 때는 각도가 완만한 엣지로 눈을 양쪽으로 헤치면서 보드를 타기 때문에 눈밭에 가끔씩 나타나는 빙판이라도 긴장하지 않고 순간적으로 몸에 힘을 빼면서 슬쩍 지나가면 된다. 아니, 그 정도의 완만한 슬로프에서 보드를 타고 내려오는 속도에서는 심리적으로 안정되고 각성이 적절하기 때문에 주의집중의 폭이 좁지 않고 멀리 전방의 시야가 확보된다. 그러므로 전방의 방해물들이 사전에 명확히 파악되어 그곳을 피하면서 무난히 지나갈 수 있다. 그러나 이번에는 상황이 아주 다르다, 절벽 같

스포츠 철학 – 실패는 있으나 좌절은 없다.

은 급경사의 슬로프에서 스노보드가 엄청난 속도로 질주하면서 내려오기에 너무 긴장하여 온 몸은 경직되어 있었고 심리는 고강도의 불안과 두려운 상태에 빠져 있었다. 이렇게 부정적인 심리상태에서는 주변의 변화를 적절하게 인식하는 주의의 폭이 매우 좁고 짧기 때문에 상황을 올바르게 판단하고 미리 장애물을 발견하여 선택적으로 우회할 수 있는 충분한 시야를 확보할 수가 없었다.

나는 순간적으로 직감했다.

"아, 이제 끝났구나!"

본능적으로 내 안에서 생사가 교차되는 극한의 두려움이 머리를 스쳤다. 이런 극단적인 심리상태에서는 더 이상 신체를 정상적인 의지로 조정할 수가 없다. 빙판 위에 놓인 나의 운명에 대해 더 이상 내가 할 수 있는 일은 없다. 자연적인 중력의 법칙에 따라 내 몸을 그대로 맡기는 수밖에 없다. 아니, 오히려 그렇게 하는 것이 엄청난 무게로 달리는 몸의 충격을 인위적으로 억제하려는 것보다 훨씬 덜 위험하다는 것을 수많은 경험으로 이미 알고 있었다. 나는 두 눈을 '꼭' 감았다.

사정없이 굴러가는 육체는 이미 내가 통제할 수 있는 상태가 아니었다. 더 이상의 통제가 불가능했다. 의식만 또렷할 뿐이다.

"왜 절벽의 슬로프를 그냥 지나치지 않았을까?"

그러나 이미 엎질러진 물, 이제는 두려운 공포보다는 나에 대한 원망과 부끄러움만 느낄 뿐이다. 슬프고 창피했다. 나의 신체는 의식

의 통제를 벗어난 채 구르는 돌처럼 마구 나뒹굴었다. 비록 짧은 순
간이었지만 악몽과 같은 고통의 경험은 아주 긴 시간처럼 느껴졌다.
고통스러운 시간이 어느 정도 지나고 미끄러져 내리는 가속도가 줄
었을 때 나의 몸은 겨우 멈추었다, 그리고 적막이 순간적으로 찾아
들었다. 굴러 떨어지면서 부딪친 충격으로 머릿속은 텅 빈 채 아무런
의식이 없었다. 멍~한 상태로 얼마간의 시간이 흘렀다. 아직 일어나
지 못하고 눈 위에 누워있는 상태에서 눈을 천천히 뜨고 정신을 차려
보니 몸은 이미 절벽 슬로프를 거의 다 내려와 있었다.

　　고울드Gould와 크라네Krane(1992)는 '각성을 깊은 수면상태에서 높
은 수준의 흥분에 이르기까지 생리적, 심리적 활성화의 변화'라고 정
의하였다. 인간은 어떤 특정한 상황에 직면하였을 때 '싸우거나 도피
하려는 반응fight and flight response' 때문에 심리적인 활성화긴장, 불안, 흥분
등가 강화되고 생리적 반응심장 박동수, 호흡수, 피부의 땀 분비 등이 증가된다.
그러나 과잉의 각성으로 인하여 심리적인 변화에서 부정적인 정서
상태초조함, 걱정, 근심, 부정적인 예측, 염려 등로 전환되면 이러한 불쾌한 심리
상태를 '불안'이라고 한다.

　　불안은 여러 종류로 나누어 볼 수 있다. 이 중에서 근심, 걱정이나
초조 등 생각이나 인지적인 활동과 관련이 있는 인지적 불안cognitive
anxiety과 호흡이 빨라지거나 심장 박동과 혈압이 높아지는 증상을 유
발하는 신체 불안somatic anxiety이 있다. 위협적인 상황에서 발생되는
불쾌한 정서인 불안은 근육이 경직되고, 가슴이 두근거리며, 몸이 떨

리거나 땀을 많이 흘리는 신체적 변화를 유발시킨다. 그리고 집중이 매우 어렵고, 심리적으로 혼란스러우며, 초조해지는 부정적 심리현 상도 나타난다. 스포츠 상황에서 부정적인 신체, 생리, 심리 반응이 유발되면 주변 환경을 적절하게 판단하는 주의집중의 폭이 좁아지기 때문에 스포츠 수행에 부적절한 정보도 배제되지만 효과적인 수행에 요구되는 유효한 정보조차도 놓치기 쉽다. 이러한 심리상태에서 스 포츠 수행을 극대화시켜 자신의 기량을 최대로 발휘하는 것이 매우 어렵다.

절벽 슬로프에서 스노보드가 빙판에 올라 선 사고는 급경사를 가 진 슬로프를 타기 전에 이미 부정적인 예측, 긴장. 초조, 염려 등으로 각성이 고조되었고 심리적으로 불안하여 주의집중이 좁아졌기 때문 에 스노보드 수행에 유효한 정보인 빙판 장애물을 미리 파악하지 못 하였다. 따라서 심리적 불안으로 집중력이 한 곳으로 쏠리고 시야가 좁아지면 멀리 전방을 폭넓고 예민하게 주시하지 못하므로 앞에 나 타나는 위험한 장애물을 미리 간파하여 우회할 수가 없다.

자신이 직면한 스포츠 상황을 위협적인 것으로 인지할 때 자율신 경에서 교감신경이 과도하게 촉진되어 과잉의 아드레날린이나 노르 아드레날린이 분비되면서 부정적인 심리상태, 행동증상, 생리상태가 유발된다. 이러한 경쟁불안과 과잉의 각성을 조절하고 제어하기 위 하여 여러 가지 스포츠 심리기술이 있다. – 바이오피드백biofeedback, 사고정지thought stopping, 자화self talk, 키워드key word(cue word), 명상 meditation, 인지재구성cognitive restructuring, 전환이론reversal theory, 감정전환, 심상imagery, 호흡조절deep breathing, 체계적 둔감화systematic desensitization, 점진이완progressive relaxation, 자생이론autogenic training 등 – 다양한 심리기술들을 상황에 따라서 효과적으로 적용하여 자신의 잠재된 실력을 최대로 발휘할 수 있도록 적절한 각성과 주의집중을 유도해야 한다.

심 상 Imagery

09

- "Oh, my sport psychology!"

밸리 Vealey와 왈터 Walter(1993)는 일상생활에서 자신이 직접 경험한 사건을 기억한 후 모든 감각기관을 동원하여 의식적으로 그 경험을 다시 회상하거나 새로운 이미지를 재창조하는 것을 심상이라 하였다. 그리고 심상은 스포츠 수행뿐 아니라 여러 분야에서 다양하게 활용될 수 있으며, 이러한 심상을 효과적으로 이용하기 위하여 체계적인 훈련이나 연습을 심상훈련 imagery training이라 한다.

스포츠 심리학에서는 심상훈련과 유사한 의미로 사용되는 개념에는 정신훈련 mental training, 정신연습 mental practice, 상징적 연습 symbolic rehearsal 등이 있다. 그리고 심리연습, 이미지 트레이닝, 심상 등 다양한 용어도 엄격하게 구분되지 아니하고 거의 같은 의미로 사용되고 있는 실정이다.

선수들이 운동을 수행하는데 있어서 긍정적인 영향을 미치는 이론으로는 심리신경근 이론psychoneuromuscular theory, 심리 생리적 정보처리 이론bioinformational theory, 상징학습 이론symbolic learinig theory 등이 있다.

일반적으로 사람들은 자신이 과거에 구체적으로 경험을 하였거나 직접 경험을 하지 않았지만 이전에 저장되어 있는 다양한 기억들을 떠올리면서 새로운 이미지를 상상한다. 그리고 이러한 이미지를 회상할 때 부분적인 감각기관만 이용하는 것보다는 모든 감각기관시각, 청각, 촉각, 후각, 미각 등을 총체적으로 활용하는 것이 더욱 선명한 느낌을 가질 수 있다. 이러한 입체적 이미지를 통해 간접 체험하고 회상함으로서 정서 변화와 근운동기억의 강화 등 긍정적인 영향을 통해 운동 수행에서 효과적으로 활용할 수 있다.

앞장에서 언급한 굴욕적인 절벽 슬로프를 처절하게 경험한 후 모든 육체는 고통스러운 종합병동에 가까웠고, 어디 몸 성한 곳이 없을 정도로 온 몸의 뼈 마디마디가 쑤시고 아팠다. 맥 풀린 내 모습은 넘어지고 뒹굴면서 몸 전체에 엉겨 붙은 눈 때문에 거의 눈사람에 가까웠다. 그러나 이러한 현실 보다 더 안타까운 것은 한 번 호되게 당한 체험은 세포 구석구석에 철저히 입력되어 더 이상 절벽 슬로프로 향

스포츠는 살아 있다. - 스포츠는 삶의 에너지

하는 리프트 탑승을 거부하게 만들었다. 심신은 조금 전의 뼈저린 체험을 마치 생생한 파노라마처럼 살아 움직이는 악몽으로 상상하고 있었다. 그것을 회상함으로서 점차적으로 더 짙은 불안과 두려움에 휩싸이고 있었다. 결국 가장 쉬운 슬로프의 정복조차도 자신감을 잃고 의욕을 상실할 정도로 심한 공포를 느꼈다.

스노보드를 타고 싶은 생각은 이미 머리에서 사라졌다. 하지만 스키장의 종일권을 구입했기 때문에 아침 시간에 스노보드를 접기에는 너무 긴 시간이 남아 있었다. 어찌할까?, 어디에서 긴 시간을 때우나?, 대중교통을 이용하였기 때문에 혼자 집으로 되돌아 갈 수도 없었다. '필요는 성공의 어머니' 라고 했던가. 막막한 상황은 오히려 나로 하여금 다시 무엇을 시도하게 만들었다.

"그래, 다시 저 절벽 슬로프로 올라가는 거야."

이렇게 결심하는 순간, 조금 전에 비참하게 고통을 경험한 온 몸의 세포들이 아우성쳤다.

'아니, 너 미쳤니, 이번에는 눈사람이 아니라 반 식물인간이 될 수 있어, 참아! 참아!'

마음 한 구석에서 또다시 부정적인 저항의식이 강하게 퍼졌다. 순간 몸과 마음은 나무토막처럼 뻣뻣하게 굳어왔다. 악몽의 절벽 슬로프 장면들이 생생하게 머릿속에서 재생되기 시작했다. 갑자기 머리가 아득해졌다. 그러나 평소에 검도경기를 할 때마다 수없이 경험하던 부정적인 정서_{초조, 불안, 긴장, 두려움, 스트레스 등}가 발생했다. 그러나 그러한 부정적인 정서를 잘 극복하고 우승도 여러 번 하지 않았던가. 검도경기에서 활용하는 스포츠 심리기술을 효과적으로 응용하여 절벽 슬로프의 성공적인 정복을 도전하리라 결심을 했다.

우선 인지재구성과 감정전환으로 앞서 경험한 실패의 부정적인 기억과 정서를 소중한 교훈으로 삼아 다시 시도하면 분명히 성공할 수 있다는 긍정적인 정서_{결심, 오기, 패기, 자신감 등}로 대체시켰다. 그리고 심상을 활용하여 보드에 몸을 맡긴 채 내 자신이 급격한 슬로프의 경사 위에서 성공적으로 업, 다운의 유연한 리듬을 타면서 연속적인 프론트 사이드, 백사이드의 멋진 턴 동작을 입체적으로 회상하면서 근육 구석구석에 동작들의 이미지를 철저히 입력시켰다. 그리고 얼굴에 부딪치는 차가운 공기를 날카롭게 가르면서 멋있게 하얀 눈밭 위로 미끄러져 내려가는 멋진 장면을 상상하면서 머릿속으로 안정된 감정반응을 유도하였다. 현장의 생생한 상태를 섬세하게 그리면서

정상으로 오르는 리프트 – 스포츠는 도전정신

스노보드 동작을 구체적으로 각인시키는 정신연습 또한 여러 차례 반복하였다. 한편 절벽 슬로프 위에서 감히 시도도 하지 못하고 있는 많은 사람들이 멋지게 스노보드를 타고 내려가는 나의 뒷모습을 바라보면서 감탄과 함께 동경의 눈빛을 보내는 이미지들을 즐겁게 상상하면서 부정적 정서를 감소시켜 나가기 시작했다. 내 안에서 자신감을 높아지고 있었다.

슬로프 정상에 도착한 후 리프트를 내리면서 정신을 집중했다. 그리고 신중하게 보드를 탔다. 다시 절벽 슬로프 앞에 멈추었다. 급경사인 절벽 슬로프를 천천히 내려다보면서 자신에게 최면을 걸듯이 말하는 자화와 키워드의 스포츠 심리기술을 활용하여 긴장으로 흥분되는 마음을 진정시키고 서서히 자신감을 높였다.

"임철호, 너 잘 할 수 있어, 힘내!"

"이번에는 좀 어그레시브^(공격적)하게 움직여라."

"이왕 내려갈 것이면 불안, 초조의 긴장감보다 자신감을 가져라!"

"해 보자!"

"내려가면서 발아래만 보지 말고 좀 더 넓게 그리고 멀리 보자."

마음속으로 나 자신을 스스로 격려하는 한편 적절히 채찍질을 하면서 내적 동기와 자신감을 유발시켰다. 동시에 '감정전환'의 심리기술을 활용하면서 한풀 꺾어진 의욕을 패기, 오기. 근성 등으로 촉진시켜 적절한 신체의 활성을 되찾도록 노력하였다.

다시 절벽 슬로프 아래로 '훌쩍' 뛰어내려 끝까지 프런트 사이드, 백사이드의 숏턴을 계속 유지하면서 내려간다. 질주하는 스노보드는 강약의 리듬을 타며 경쾌한 음악을 연주하듯 부드러우면서도 깊고 강한 업, 다운의 앳지로 눈을 날카롭게 누른다. 그리고 유연하고 힘차게 절벽 슬로프를 차고 내려가는 성공적인 장면을 구체적이고 생생하게 상상하면서 신체의 모든 근육에 간접 경험의 정보를 철저히 다시 각인시켰다.

그러나 언뜻 언뜻 생각나는 부정적인 예측과 기억으로 다시 심리적으로 불안, 초조의 정서를 느꼈고, 생리적으로 신체가 경직되고 심장박동이 빨라지며 가슴이 답답한 현상이 일어났다. 그리고 행동으로는 몸에서 재도전에 대한 거부 반응이 다시 높아지기 시작했다. 이러한 상황에서 바람직하지 못한 걱정이나 생각이 마음속에서 떠오를 때 '정지'라는 독백을 자신에게 단호히 함으로써 계속적으로 일어나는 부정적인 생각과 염려를 중지시키거나 억제하는 '사고정지'의 심리기법을 활용하였다. 뿐만 아니라 사고정지의 스포츠 심리기술로 심리적 불안이나 신체를 긴장시키는 걱정을 중지시키는 동시에 좌절감이나 패배의식 등 부정적인 정서를 이번엔 실수 없이 멋있게 잘 할 수 있다는 긍정적인 상상으로 극복하였다. 이렇게 부정적인 심리와 생리 반응에 대하여 스포츠 심리기술인 심상연습을 활용하여 심리적인 안정을 유지하고 정신집중과 자신감을 가졌다.

이제 깊은 절벽 슬로프를 성공적으로 타고 내려가기 위해 심리적, 신체적 무장은 다 끝난 것이다.

겨울마다 새벽 4시 반에 일어나 버스에 몸을 싣고 무주스키장으로 달려왔다. 그렇게 스노보드를 타면서 실력을 닦은 세월이 벌써 8년째다. 기술은 충분하다. 그리고 겨울 시즌이 되기 2달 전부터 체력 훈련도 열심히 하였다. 스노보드를 타면서 무릎을 반 정도 굽혀야 중심이 안정적으로 잡히고 원만한 프런트 사이드, 백사이드의 턴과 강약의 앳지를 적절히 눌러줄 수가 있다. 그러므로 보드를 타는 동안 반굴자세인 무릎에 불규칙적인 충격으로 체중이 많이 실리기 때문에 오랫동안 보드를 타면 과중한 부하를 견디기 어렵게 된다. 결국 다리에 힘이 부족하여 풀리게 되면 반굴자세의 정확한 동작을 취하기가 어려워지고, 그러면 기본자세가 흐트러져 보드를 타면서 넘어지는 위험한 상황이 자주 속출한다. 스노보더들은 겨울 내내 보드를 안전하고 즐겁게 타기 위해서 미리 하체를 비롯해서 체력 단련을 충분히 해야 한다. 나에게 기술과 체력은 이미 갖추어진 상태이다. 이제는

스포츠는 도전정신 – 도전은 아름답다.

괴롭고 두려웠던 심리적 갈등도 거의 해결이 되었으니 남은 것은 절벽 슬로프로 훨쩍 뛰어 내리면 되다.

약간의 긴장감은 있었지만 과도하지 않았고, 오히려 몸에 탄력을 줄 수 있는 적절한 각성 수준이 유지되었다. 이전의 참담한 실패에 대한 불안스러운 걱정은 감정전환과 심상연습에 의해 순화되면서 마음은 잘 할 수 있다는 긍정적인 자신감으로 자연스럽게 전환되었다. 긴장으로 경직된 근육은 유연해졌다.

드디어 절벽 슬로프 앞에서 점프를 하면서 뛰어내렸다. 무릎은 충분히 낮추어졌고, 유연한 업, 다운의 리듬에 의한 첫 번째 턴과 두 번째 턴의 부드러운 강약은 경쾌하고 짜릿한 쾌감이었다. 두 번째 시도 전, 심상에 의한 여러 번의 간접적인 경험으로 인하여 첫 번째의 참혹하고 불안한 느낌과는 달리 극도의 긴장감은 매우 낮아졌으며 오히려 가파른 슬로프에 친숙함이 느껴졌다. 그리고 적절한 각성은 주의집중의 시야를 넓고 멀리 잡아주었기 때문에 중간 중간에 돌출되는 장애물들을 몇 미터 전방에서 미리 파악하여 부드럽고 유연하게 우회하면서 눈 위를 부드럽게 미끄러지듯 질주해 내려갔다. 속도가 강해질수록 찬바람이 얼굴을 세차게 때렸고 꽉 낀 고글 사이로 스며드는 차가운 공기는 눈을 자극하여 눈물을 흘리게 하니 앞의 시야가 약간 가리어졌다. 때문에 조금은 긴장이 되었지만 속도가 상승될수록 얼굴에 강하게 부딪치는 찬바람의 느낌과 온 몸으로 전해오는 속도의 쾌감은 모든 장애를 초월할 정도로 상쾌하였다. 날카로운 업, 다운의 앳지가 왼쪽 오른쪽 턴을 하면서 하얀 눈길을 양쪽으로 가를 때 발아래에서 들려오는 '사각사각' 거리는 경쾌한 소리와 흩어지는 흰 눈보라의 느낌은 황홀하고 짜릿했다. 보드의 엄청난 속도 위에 몸을 맡긴 채 강약의 리듬을 타면서 업, 다운에 의한 상하 몸의 율동은 언어로 표현할 수 없는 감동이자 신선한 육체의 전율이었다. 끔찍한 첫 번째의 경험과 죽기보다 더 힘들었던 2번째 도전 후 드디어 절벽 슬로프를 거의 다 내려왔다. 평지에 도착하면서 꺾이지 않는 가속도를 정지 앳지로 강하게 몸을 급회전시켜 흰 눈을 부챗살처럼 '확' 공중에 뿌렸다. 쉽게 접근을 허락하지 않았던 절벽 슬로프를 정복한 극도의 기쁨을 거친 동작으로 마무리하면서 강하게 느끼고 확인하고 싶었다.

"Oh, my god!"

"Oh, my sport psychology!"

심상의 스포츠 심리기술을 이용하여 극적인 감동의 전율을 체험하였던 사건이 스노보드 초보시절에도 있었다.

7~8년 전에 스노보드를 탄다는 것이 스키를 즐기는 주변 사람들에게 낯선 일이었다. 스키보다 넓은 보드는 날카로운 앳지에 의해 눈을 양쪽으로 가르는 매우 거친 소리를 냈다.급정지를 하다보면 슬로프의 눈을 많이 갉아 먹었으며 우두둑~ 우두둑~ 하는 엄청난 소리는 스키어들에게 절대적인 공포였다. 그러다보니 스키장에서 스노보더들은 혐오스러운 대상이자 요주의 인물들이었다. 스키어들은 약간의 부딪침만 있어도 불편한 감정을 직설적으로 표출하였다. 스키장 관리자들조차도 얌전하게 스키를 타는 다수의 손님들보다 눈을 많이 갉아 먹을 뿐 아니라 슬로프를 불규칙하게 만들어 눈밭을 황폐화시키는 스노보더들에게 특정 슬로프를 제한하면서 차별대우를 하였다. 안락하고 조용한 스키장에서 입는 복장과 듣는 음악부터 요란스럽고 수상한 소수의 스노보더들은 스키장의 고급스러운 품위를 해치는 반항아들이었다. 고요하고 잔잔한 눈밭에서 집단적으로 거칠고 난폭하게 질주하는 스노보드의 주행뿐만 아니라 그들의 행동과 복장은 귀족적인 스키 문화의 틀에서 벗어난 자유분방하고 파격적인 새 문화였다. 그들에게 보더들은 저항적이고 문제아 집단이었다.

그런데 격세지감隔世之感인가, 지금 스키장에서 대부분의 젊은 사람들은 스노보드를 즐긴다. 시간이 지날수록 그 층이 점점 넓어지고 있다. 이젠 평상시에도 젊은이들 사이에 스노보더들의 이질적이고 개성적인 복장을 즐겨 입고 있다.

그 당시 스노보드의 기술은 지금처럼 수강료만 내면 언제든지 배울 수 있는 것이 아니었다. 내국인들이 스노보드를 접할 수 있는 기회는 스노보드를 즐기는 외국인들이 국내에 입국하여 보드를 탈 때 옆에서 눈으로 보고 따라 배우는 것이 최선이었다. 그러다보니 체계적이고 올바른 보드 기술을 구사하기 어려웠다. 몸을 좌우로 흔들고 눈밭에 긴 S자를 그리면서 슬로프를 가로질러 거칠게 질주하는 그 자체가 보드를 타는 최고의 기술이었다.

스노보드는 분명히 매력이 있다. 그러나 평소에 두 발을 바닥에 짚고 모든 운동을 수행하는 우리들에게 보드는 두 발을 고정시켜야 하는 무척 낯설고 어려운 운동이었다. 전혀 새로운 근운동기억을 신체에 학습시키는 과정이었다. 특히 스노보드의 숙달에 있어서 첫 단계를 극복하기가 무척 힘들고 고통스러웠다. 보드 위에 두 발을 묶어 몸의 균형을 잡으면서 프론트사이드와 백사이드로 리듬을 타면서 자연스럽게 턴하는 단계를 배우는 것은 마치 지옥훈련을 방불케 한다. 스노보드를 익히면서 한 번 전복될 때마다 온 몸으로 전달되는 충격은 신체의 고통이 어디까지인가를 극단적으로 체험하게 만들었다. 약 1m 높이에서 직선으로 엉덩방아를 찧을 때 감각신경을 통해 느껴지는 아픔은 어찌 잊을 수 있을까. 눈물이 앞을 가리고, 그 고통에 스스로 눈을 감을 수밖에 없다.

나와 스노보드의 인연은 특별했다. K2에 근무하는 후배가 외국인을 통해 배운 스노보드의 매력을 40대 중반의 나에게 집요하게 권하면서 시작되었다. 부산에서 나고 자란 나에게 눈에 대한 추억은 눈싸움, 눈사람 만들기, 그리고 첫눈 내릴 때 동네 한 가운데서 개가 좋아서 날뛰는 모습을 보던 것이 고작이었다. 결국 후배 손에 반강제적으로 이끌리다시피 하여 찬바람이 날리는 새벽 4시 반에 기상하여 무주에 도착한 것이 첫 경험이었다. 태어나서 처음으로 경험하는 스키장. 눈앞에 펼쳐진 스키장의 전경은 완전히 새로운 세계였다. 천지가 하얀 눈으로 덮인 아름다운 덕유산의 경치에 나의 의식보다 온몸이 이미 긴장하고 흥분하면서 황홀함을 느끼고 있었다.

후배는 스노보드에 대한 전문적인 기술은 고사하고 기초적인 지식先知識도 없는 나를 정상에 내려놓고는 알아서 내려오라는 말만 남기고 아래로 훌쩍 내려가 버렸다. 그곳은 생초보자인 내가 알아서 내려갈 수 있는 곳이 결코 아니었다. 살아서 맛보는 지옥이었다. 지금

스포츠는 새로운 세계에 대한 도전이다. - 후배와 함께

백 사이드로 질주하면서

은 2분정도면 내려가는 초급자 코스였지만 당시엔 공포를 느끼기에
충분한 높이였다. 그날 정상에서 내려오는데 1시간 반이 걸렸다. 지
금 생각하면 웃음만 나오는 사건이었다. 굴러서 내려와도 30분이면
충분했을 거리였다. 가까스로 슬로프 끝에 도착한 나는 땀범벅, 눈범
벅이었다. 거의 초죽음 상태에서 눈 위에 길게 누워 잘 일어나지 못
하는 나를 위에서 내려다보던 후배의 얼굴엔 웃음이 끊이질 않았다.
이미 자신도 다 경험하였고 지금 심정이 어떤지 이해한다는 표정이
었다. 그리고 첫 마디의 농담을 던졌다.

　"선배님, 사우나 갔다 오셨어요?"

　정말 황홀한 경험이었다. 세상에 이렇게 어렵고 고통스럽지만 자
극적인 전율이 또 있을까. 스노보드의 매력은 마조히즘masochism인
쾌락인가?

그해 첫 겨울은 새벽 4시 반의 힘들고 곤욕스러운 아침 기상과 지옥 같은 스노보드 훈련으로 보냈다. 스노보드의 독특한 매력에 빠져 헤어 나오지 못한 한 해였다. 그로부터 2년 후 보드를 타면서 겨우 무게 중심을 잡고 프런트사이드와 백사이드의 미숙한 턴을 할 수가 있었다. 그러나 보드의 열정은 끝없이 나의 욕망을 자극하였다. 좀 더 높은 슬로프, 좀 더 빠른 속도, 좀 더 멋진 기술을 구사하도록 부추기고 있었다.

스노보드를 타면서 가장 극복하기가 어려운 문제는 '급경사를 타고 내려오면서 가속이 붙었을 때 중지시키지 않으면서 어떻게 속도를 유연하게 통제하고, 멋있는 자세를 지속적으로 유지할 수 있는가'였다. 그러나 당시로는 배울 방법이 거의 없었다. 이런 문제를 해결해 줄 수 있는 다양한 스노보더 층이 거의 없었다. 주변의 보더들도 기초부터 체계적으로 배운 기술이 아니기 때문에 지도에 일괄성이 없었다. 대부분 주관적인 경험에 의존하고 있었다. 저마다 자신들의 개인적인 체험에서 얻은 기술로 보드를 즐기고 있었다.

주관적인 경험에 따라 스스로의 문제들을 해결한다면 경험이 부족한 나는 시간이 흘러도 그들과 대등할 수가 없다는 생각이 들었다. 그해 여름, 어렵게 스노보드에 관한 테이프를 구입하여 동작을 분석할 기회가 있었다. 아파트 거실에서 스노보드의 바인딩에 발을 고정하고 비디오테이프에 나오는 기술을 반복하여 따라하면서 동작과 리듬을 익히기 시작했다. 그리고 시간이 날 때마다 동작들을 상상하면서 신체 전체에 동작을 입력시키는 이미지트레이닝을 실시했다. 이

알파인 보드의 멋진 동작 – 스포츠는 역동적인 균형

미 머릿속에서는 테이프에 나오는 주인공보다 더 멋있게 스노보드를 타고 있었다. 나는 다가올 겨울을 대비해 신체에 운동기억을 철저히 각인시켰다.

8월 여름이 겨우 넘어가고 가을이 시작될 무렵부터 스키장이 개장하기를 손꼽아 기다렸다. 거의 매일 베란다 깊숙이 넣어둔 스노보드를 끄집어내어 바인딩을 풀었다 조이면서 조급한 마음을 달랬다. 개장하면 제일 먼저 달려가서 머릿속에서 살아 꿈틀거리는 상상의 이미지를 끄집어내어 현장에서 구체적으로 확인하며 그 감동을 체험하고 싶었다.

12월, 드디어 스키장이 개장되었다. 설레는 가슴을 안고 첫눈을 조심스럽게 밟으며 두 발을 보드 위에 얹었다. 테이프를 통해 학습한

보드의 가장 핵심적인 기술은 턴을 할 때 몸을 업, 다운으로 움직이는 동작의 실천이었다. 업, 다운의 기술은 미끄러운 눈 위에서 턴을 유연하게 할 뿐 아니라 급경사를 내려올 때 질주하는 가속도를 다운의 앳지로 자연스럽게 조절할 수 있게 만들었다. 그리고 업, 다운의 부드럽고 완만한 곡선을 그리는 몸동작의 리듬은 보드 타는 멋을 가장 이상적으로 표출할 수 있는 완벽한 기술이었다. 그러나 머릿속에 들어있는 이미지를 현장에서 몸으로 직접 체험하며 그 기술을 익히는 과정은 결코 쉬운 일이 아니었다. 머릿속으로는 모든 동작을 완벽하게 실행할 수 있었지만 현장에서 직접 실천하는 데는 많은 차이를 나타내었다. 하지만 여러 번의 시행착오에도 불구하고 업, 다운의 시도는 그렇게 낯선 동작이라는 느낌이 들지 않았다. 예전에 할 수 있었던 동작, 그러나 잊어버린 동작을 새롭게 숙달하고 재현한다는 자신감이 생겼다.

어느 순간인가. 여러 번의 실패를 거듭하다가 갑자기 머릿속에서 잊힌 운동기억이 살아나듯이 나 자신도 모르게 몸을 상상의 동작으로 유도하고 있었다. 그동안 비디오테이프를 보면서 수없이 상상을 통해 실행하였던 업, 다운의 운동기억이 온 몸으로 되살아나면서 이 세상에서 가장 아름답고 감동적인 스노보드의 기술을 완벽하게 수행을 하고 있었다. 그해 겨울 심상훈련에 의해 회상되었던 업, 다운의 이미지가 머릿속에부터 온 몸으로 전달되면서 느껴진 짜릿한 감동은 지금도 잊을 수가 없는 신선한 떨림이다.

심상은 자신이 과거에 직접 경험한 기억을 회상하는 것뿐 아니라 기억 속에 존재하는 다양한 이미지들을 이용하여 새로운 이미지를 창조할 수도 있게 만든다. 심상하는 과정에서 가능한 시각, 청각, 후각, 미각, 촉각 등 모든 감각을 동원하고 자신의 감정까지 마음속으로 느낄 수 있다면 심상의 효과는 더욱 증가할 것이다. 뇌는 심상을 통하여 경험하는 간접 경험도 실제 경험에 의한 정보와 거의 구별하지 않으며, 뇌에 전달된 정보는 뇌신경의 회로를 구성하여 기억한다. 그리고 심상훈련을 하면서 그 동작에 해당되는 근육들에게 운동신경을 통하여 뇌의 명령이 전달되므로 그곳에서 미세한 전기 반응이 일어난다. 이러한 과정을 거치면서 근운동기억이 근육에 형성되기 때문에 심상훈련에 의한 운동 수행의 학습이 실제 동작을 실천할 때 그 동작을 능숙하게 만들고, 경기력을 향상시키는데 효과적으로 영향을 미친다.

자콥슨Jacobson(1931)은 이러한 사실을 최초로 검증하였다. 그는 어떤 운동 수행에 대한 동작을 회상하고 있으면 그 운동에 해당되는 근육에서 미세한 전기 반응이 발생하는 것을 확인하였다. 즉, 팔을 이용하여 물건을 들어 올리는 동작을 상상하면 실제로 팔을 굽혀 물건을 드는 동작에 의한 근육의 움직임에 비교하여 16~17%의 미세한 근육 수축이 발생한다는 것을 침습적인 전기반응을 통해 발견하였다.

쉰Suinn(1980)도 스키 선수들이 정신을 집중하여 실제 경기하는 상황을 머릿속으로 설정한 후 활강의 구체적인 동작을 상상하였을 때 동작에 해당되는 근육의 수축 반응은 선수들이 실제 운동을 할 경우와 비슷하다는 것을 주장하였다.

테릭 오릭Teric Orlick과 파팅톤Partington(1988)에 의하면 1984년 올림픽에 참가한 캐나다 선수들을 면담한 결과 이들 선수 중 99%가 경기에서 심상을 활용하여 긍정적인 효과를 얻었다고 주장하였다. 현재 심상의 스포츠 심리기술은 선수뿐만 아니라 현장 지도자들도 스포츠 수행에 있어서 가장 중요하고 효율적인 심리기술의 하나로 인정하고 있다.

2007년 전국사회인검도대회에서 개인 우승을 하는 영광을 얻었다. 대회에 참석하기 위하여 서울에 올라가기 일주일 전에 84년 올림픽 유도 금메달리스트인 하형주 지도교수님께 대회 참가를 알리고 조언을 구하였다. 그러자 교수님은 자신의 엄격한 실천적 수련과 풍부한 경기 경험을 통해 습득된 스포츠 심리의 현장 심리기술을 지도

하형주 교수와 함께

해 주셨다. 경쟁적인 경기현장에서 선수들이 가장 극복하기 어려운 경기 불안과 의욕상실의 심리상황에서 불안을 감소하고 자신감을 촉진시킬 수 있는 스포츠 심리기술로 심상과 키워드의 활용을 지도해 주셨다. 즉, 경기 의욕이 상실되고 자신감이 떨어지는 경우 심상을 통하여 경기에서 멋진 동작으로 상대를 제압하는 장면과 자신이 우승하여 단상에 올라 우승컵과 우승기를 받고 환호하며 즐거워하는 장면을 상상하는 방법이었다. 이러한 심상의 구체적인 회상은 경기 상황에서 실추된 자심감과 신체에 활력을 북돋아 적절하게 각성을 촉진시키고 경쟁 심리의 무거운 마음을 한결 가볍게 하였다.

'넌, 할 수 있어!', '힘내!', '진정해', '경기에 집중해'

평소에 자신에게 정서적으로 영향을 미치는 효과적인 단어를 되새기는 키워드와 자화의 스포츠 심리기술을 심상과 함께 현장에서 적극적으로 활용하여 적절한 각성을 일으키고 자신에게 긍정적인 자신감을 암시하면서 경쟁불안을 감소시키는 효과를 경험하였다.

하형주 교수님이 지도하신 심상은 긴장되고 불안한 시합 현장에서 가장 간단하고 효과적으로 신체에 경쾌한 긴장을 촉진시키는 동시에 불안한 마음을 안정시키고 위로하는 스포츠 심리기술이었다. 이러한 실용적인 심리기술은 우승까지 8번의 경기를 통하여 강한 자신감과 정신력을 지속적으로 활성화시켰다.

이처럼 실제 스포츠 경기를 대비하면서, 심상훈련이 스포츠 현장에서 효과적으로 활용된다면 운동기능의 숙달과 경기력의 향상으로 심상의 다양한 효과를 충분히 기대할 수 있다.

인지재구성 Cognitive restructuring 10

– 검도 인생에 새로운 장을 열다
체력, 기술, 스포츠 심리의 조화에서 최고의 경기력을 발휘한다

각종 대회에 참가하는 많은 운동선수들은 경기 전에 머릿속으로 수많은 근심과 부적절한 예측을 하면서 스스로 불안해한다. 심지어 극단적 상상으로 시합을 기권할 정도로 심리적, 생리적 혼란을 체험한다.

"초반에 탈락하면 어쩌나."

"경기에서 나의 기량을 충분히 발휘할 수 있을까?"

"처음부터 강한 선수를 만나지 말아야 할 텐데."

"패배하면 나를 지켜보는 많은 사람들에게 창피하다."

"대진표가 불리하게 짜면 어쩌나."

"시합 당일 컨디션은 좋을까?"

이와 같은 걱정과 부정적인 예측은 경기상황에서 선수들의 정서 상태에 매우 나쁜 영향을 미치기 때문에 대회를 위해 열심히 수련한 운동기량을 충분히 발휘 못하는 결과로 이어진다. 그러므로 경기에서 불안한 감정상태 초조, 긴장, 부정적인 예측 등가 유발될 때 긍정적인 사고 목표의식, 자신감, 주의집중, 도전적인 생각, 패기, 용기 등로 전환시켜 자신이 지금까지 훈련한 운동기량을 최대로 발휘하는 스포츠 심리기술을 인지재구성이라 한다. 다시 말하면 인지재구성은 스포츠 경기에서 경쟁 심리에 부정적인 영향을 미치는 심리적 요인들을 분석하여 자신의 능력과 상황에서 통제할 수 없는 요인에 대해 신경 쓰지 않는다. 그리고 자신이 통제 가능한 과제에만 효과적으로 집중하고 실천함으로써 운동 수행의 극대화에 도움이 될 수 있도록 긍정적인 정서로 전환하는 인지적 심리기술 중의 한 방법이다.

2007년은 18년간의 검도 인생에 새로운 길을 제시하는 해이다. 사회인들을 위한 전국검도대회에서 가장 권위 있고 오랜 전통을 가진 한국사회인검도대회에 출전하여 개인 우승을 하였다. 이번 전국검도대회에서 개인 우승의 영광과 감동 이면에는 평소 열심히 수련한 체력과 기술뿐 아니라 과학적인 스포츠 심리기술의 승리라고 할 수 있다.

2004년 부산시장기 검도대회에서 개인 우승, 2006년 7월 도장

개관 20년 만에 부산시장기 검도대회에서의 단체 우승, 일주일 후 2006년 남해군수기검도대회에서의 개인 우승, 그리고 2007년 전국 사회인검도대회에 출전하여 성취한 개인 우승. 2004년 이전에도 우승의 경험은 있었지만 이러한 일련의 우승들은 충분히 훈련된 스포츠 심리기술을 적극적으로 현장에 적용한 결과로 볼 때 큰 의미가 있다.

매년 7월은 검도를 사랑하고 아끼는 전국의 검사들의 가슴을 두근거리게 하는 기간이다. 우리나라에서 개최되는 각종 검도대회 중 최고 권위와 전통을 자랑하는 한국사회인검도대회가 시작되는 달이기 때문이다. 6월 중순쯤 되면 벌써 이 대회에 참가를 원하는 검도인들의 몸과 마음은 긴장되고 바쁘다. 전국의 수많은 애검자愛劍者들은 검도의 수련을 소중한 삶의 일부로 인식하면서 하루를 아껴 수련에 몰두한다.

7월에 서울에서 한국사회인검도대회가 개최되기까지 지방의 열성적인 검사들은 그 지역에서 꾸준히 수련하고 지방의 다양한 검도대회에 참석하여 풍부한 경험을 쌓는다. 그런 과정을 통해 섬세한 칼의 감각을 익히는 것이다. 그리고 자신의 칼이 어느 정도 날카롭게 갈아졌을 때 풍운의 꿈을 안고 한국사회인검도대회에 출전하기 위하여 상경한다.

검도인들에게 한국사회인검도대회의 입상은 지역의 여러 검도대회 입상과는 다른 의미를 담고 있다. 그 대회에서 우승은 자신의 이름과 검력을 전국에 알리는 명예로운 사건인 동시에 지금까지 스스로 몰입하고 헌신적인 애정을 쏟은 열정에 대한 자기 확신의 순간이기 때문이다.

한국사회인검도대회에 참가하는 선수들 중에는 자신이 거주하는 지방의 검도대회에서 이미 한두 번의 우승을 경험한 선수들이 많다. 나 역시 부산검도대회에서 3번의 개인 우승과 타 지방 검도대회에서도 개인 우승을 경험한 적이 있었다. 10년 동안 중년부 자격으로 매년 상경하여 한국사회인검도대회에 도전장을 던졌지만 3위 입상의 성적이 최고 기록이었다. 중년부 3위 입상 이후 야심만만한 가능성을 가지고 50세 이상의 노장부로 넘어가기 전에 중년부에서 꼭 우승을 달성하고 싶었다. 이러한 희망을 가지고 검도 수련에 열성적으로 정진하여 정상을 향한 도전을 지속적으로 시도했지만 대부분 8강 아니면 16강의 문턱에서 좌절되고 말았다. 결국 10년간 꾸준히 중년부 자격으로 한국사회인검도대회에 도전하였지만 우승이라는 큰 꿈을 이루지 못하고 노장부로 넘어왔다.

2007년 노장부로 첫 출전하는 나에게 한국사회인검도대회는 이전과는 또 다른 상황을 만들어주고 있었다. 당시 나는 스포츠 심리학의 박사 과정을 전공하면서 스포츠 심리기술에 많은 연구를 하였으며 스포츠 심리훈련을 꾸준히 하고 있었다. 스포츠 경쟁심리와 운동 수행의 극대화에 대한 상호관계를 다양하게 연구하면서 지방의 검도대회에 참가했다. 그러한 검도대회를 통하여 스포츠 심리기술을 현장에서 실제로 적용하였으며 그 결과를 직접 확인하였고 충분한 경험을 축적하였다.

　나는 노장부의 첫 출전을 준비하면서 스포츠 심리기술의 활용을 통한 대회 우승을 목표로 하였다. 시합 약 두 달 전부터 스포츠 심리학의 지식을 응용하여 체력과 기술 단련과 심리훈련도 열심히 하였다. 체력단련은 검도 경기에서 움직이는 동작의 리듬과 비슷한 방법으로 체계적인 수련을 하였다. 체력단련의 과정은 복잡하지도 주의집중을 요구하지 않으므로 때로는 주의분산에 의해 육체적 고통을 감소시키기 위하여 경쾌한 박자와 리듬을 타는 음악에 맞추어 즐기면서 하였다. 스포츠 경기를 수행하면서 아무리 기술이 우수하여도 결국 체력이 부족하면 섬세한 기술을 충분히 발휘할 수가 없다. 그동안 많은 검도경기를 치루면서 절실히 경험하였다. 그러므로 무엇보다도 체력단련이 운동 수행에 있어서 가장 근본이 된다. 기술연습은 특별하게 계획하지 아니 하였다. 평소에 도장에서 연습하듯이 매일 매일 규칙적으로 단련하였으며 훈련의 강도는 의식적으로 조금씩 높여 갔다.

　검도 시합이 점점 가까이 다가오면서 가장 해결하기 어려운 문제가 경쟁심리의 부정적인 정서였다. 대회를 준비하는 과정에서 체력과 기술의 훈련계획은 차질 없이 잘 진행되고 있었지만 최종 목표를 달성하기 위하여 마음 깊은 곳에서 끊임없이 발생하는 부정적인 정서의 심리적 요인들은 스포츠 심리학을 전공한 나도 극복하기 어려운 최종 과제였다.

매년 한국사회인검도대회를 참석하기 위하여 상경하던 때의 심정은 항상 긴장과 기대감으로 가득했다. 그 긴장과 기대감은 다른 검도대회와는 몇 배 차이가 나는 긴장이었다. 그것은 실패했을 때의 좌절감도 몇 배로 강하게 만들었다. 그 휴유증은 여러 날 혹은 몇 달 동안 자학적인 시합반성으로 보내게 만든다. 때론 자신감을 상실한 채 기나긴 슬럼프에 빠지는 경우도 종종 있었다. 이렇게 기억 속에 남아있는 예전의 잔상을 미리 머릿속에 그려보는 부정적인 예측은 마음을 더욱 혼란스럽게 만들었다.

'지금의 건강한 컨디션이 시합 당일까지 잘 유지될 수 있을까?', '열심히 연습한 기술들이 실제 경기에서 재대로 발휘될 수 있을까?', '초반부터 너무 강한 선수를 만나지 않을까?', '이렇게 우승을 위해 철저히 준비했는데 혹시 초반에 탈락하지나 않을까?' 혹은 경기에서 패배했을 경우 상처, 스트레스, 후유증에 대한 걱정이 불안과 초조의 부정적인 정서를 더욱 강하게 촉발시켰다. 특히 대학에서 검도를 지도하는 입장이다 보니 나를 지켜보는 학생들과 주변 사람들의 시선이 엄청난 무게로 나를 짓눌렀다. 패배를 미리 예측해 보는 부정적인 상상은 마음에 부담이 되었고 극복하기 어려운 심리적인 문제로 다가왔다.

스포츠 심리학의 시각에서 판단할 때 경기 전에 이러한 부정적인 심리상태는 운동 경기에서 자신의 기량을 충분히 발휘하지 못하게 하는 것은 자명한 일이었다. 무엇보다 마음에 무거운 부담이 되고 있는 부적절한 정서불안, 근심, 걱정를 극복해야만 기량을 최대로 발휘하여 우승할 수 있을 것이다.

그래서 이번에 참가하는 한국사회인검도대회의 우승을 위하여 우선 경기 전 마음속에서 일어나는 부정적인 심리현상을 하나하나 분석하기로 했다. 내가 대적할 상대 선수의 실력을 파악하고 대진표, 시합운 등 능력과 노력으로 해결할 수 없는 상황을 미리 파악하기로 한 것이다. 내가 느끼는 불안, 초조의 억압적인 심리에서 해방될 수 있도록 지나치게 신경을 쓰지 않겠다는 다짐도 했다. 그런 노력이 경기 초반에 강자와의 만날지 모른다는 두려움과 탈락할지 모른다는 부정적인 예측을 더 이상 하지 않도록 만들었다. 그리고 그런 두려움이 더 이상 혼란스러운 정서가 되지 않고 있었다. 나는 내 능력으로 실천할 수 있는 과제에 대해서만 생각했고 매일매일 그 안에서 최선의 노력을 다했다.

경기상황을 상상하면서 부정적인 예측에 의해 유발된 심리적 불안에 대해서는 인지재구성을 활용하여 긍정적인 경쟁정서 패기, 목표의식, 자신감, 집중력, 동기강화 등로 전환하여 오히려 최종 목표인 우승을 위한 강한 동기로 만들었다.

먼저, 주변사람들에게 한국사회인검도대회에서 노장부 첫 도전에 대한 나의 시도를 가능한 많이 알렸다. 그렇게 여러 사람들에게 알림으로써 대회에서 우승을 하지 못하고 실패했을 경우 주변사람들의 부정적인 시선에 대한 부담을 오히려 경기를 준비하면서 더욱 열심히 훈련할 수 있는 긍정적인 내적 동기로 전환시켰다. 한국사회인검도대회에 대한 나의 도전을 알린 이후에 주변사람들의 관심어린 격려와 응원은 마음이 동요되고 흐트러질 때나 어려운 훈련의 고통을 육체적으로 견디고 극복하는데 도움으로 작용하고 있었다.

특히, 대회가 가까이 다가왔을 때 하형주 지도교수님께 대회출전 사실을 알림으로써 심리적인 부담을 강한 정신무장이라는 긍정적인 심리에너지로 전환시켰다. 이러한 심리 전략은 한국사회인검도대회에서 결승전까지 긴 시간동안 8번의 경기를 수행하면서 어떤 심리기술보다도 효과가 강하게 작용하였다. 검도대회를 준비하면서 의도적으로 주변의 시선에 대한 부담감을 스스로 유발시킨 후 인지재구성의 스포츠 심리기술을 적극적으로 활용하여 긍정적인 에너지를 얻었다. 이러한 심리적 부담감은 검도경기에서 과도한 불안으로 인하여 초조하고 긴장할 때, 그리고 지나친 근심과 스트레스 때문에 의욕 상실로 무력감이 느껴질 때 주변 분들이 경기결과를 지켜 볼 것이며 그들에게 기쁜 결과를 알리고 싶은 욕구를 유발시켜 경쟁적이고 도전적인 생각으로 전환하였다. 경기현장에서 인지재구성의 심리기술은 부정적인 심리, 생리 상태를 가장 빠르게 정상적으로 회복시켜 심신에 활력을 불어넣어 주었다.

"이렇게 준비하는 나도 만만한 상대가 아니다, 더군다나 처음 노장부 대회에 참가하는 나는 아직 다른 선수들에 비해 가장 나이가 어린 선수가 아닌가."

그리고 "스포츠 심리를 연구하는 나 자신은 다른 선수들과 비교하면 심리적으로 안정된 상태와 적절한 각성을 유지하면서 경기를 수행할 수 있을 것이다. 그렇기 때문에 열심히 수련한 나의 기량을 충분히 발휘할 수 있다면 우승의 가능성이 누구보다도 높다."는 자화의 스포츠 심리기술을 활용하는 인지재구성을 통해 스스로 자신감과 도전의식을 높였다.

이제 대회를 준비하면서 불안한 심리적인 문제는 인지재구성과 함께 다양한 심리기술전환이론, 자화, 목표의식, 심상 등을 병행하여 긍정적인 정서로 전환시킴으로서 점차적으로 극복되었다. 그리고 심신 이완훈련인 뉴로피드백neurofeedback 훈련을 꾸준히 받았다.

뉴로피드백 훈련은 선수들이 절박한 경기 상황에서 과도하게 촉진되는 불안과 긴장 혹은 자신감과 경기의욕을 상실하는 무력증에 대하여 뇌파자기조절을 통해 적절한 각성상태로 조절하는 심리훈련이다. 특히 이완훈련은 뇌파 중에서 알파파(8~12Hz)를 스스로 유도하는 것으로, 경기에서 높은 긴장이나 경쟁불안을 감소시키고 심리적, 생

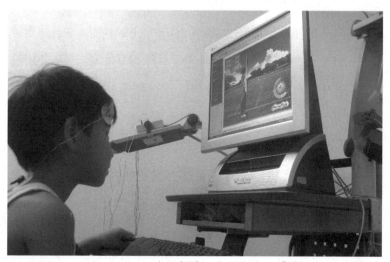

뉴로피드백neurofeedback(LAXTHA, Inc) 훈련 – 스포츠는 과학이다.

리적 이완과 안정을 유도하여 최상의 경기력을 발휘할 수 있게 한다.

전국에서 출전한 몇백 명의 검도선수들을 상대로 우승까지 진행되는 경기 흐름은 견디기 힘든 긴 여정이었다. 낯선 지역과 타인들 사이에서 몇 시간 경기를 기다리는 동안 심리적으로 초조하고 불안하여 엄청난 스트레스를 경험한다. 그리고 상대 선수와 홀로 검도 경기를 수행하면서 매우 짧고 긴박한 경쟁 상황에서 격렬하게 경쟁하는 자신의 존재를 느낄 때 자신 외에 누구도 대신할 수 없는 순간이 너무나 고독하고 외롭다. 결국 승패를 가름하는 절박한 경기장에 나서면 어느 누구도 도와줄 수도, 동행할 수도 없는 절대적 시공이다. 모든 것을 혼자 결정하고 스스로 책임을 짊어져야 한다. 그리고 '과연 내가 우승을 위해 8, 9번 경기를 수행하면서 한 번도 실패를 하지 않고 모두 승리할 수 있을까?' 하는 불확실한 경기심리에 때로는 자신감을 상실하곤 하였다. 이러한 부정적 심리가 경기 의욕을 꺾으면 순간적으로 승패가 결정되는 절박한 검도경기에서 결코 승리를 장담할 수 없다. 이처럼 강한 정신력과 자신감의 상실이 경기력을 저하시킬 때 인지재구성의 심리기술에 의한 심리적 전환은 자신의 기량을 충분히 발휘할 수 있는 긍정적 에너지로 재충전시켜 주었다.

한국사회인검도대회에서 우승까지 8번 경기를 수행하면서 그렇게 힘들고 긴박한 순간은 거의 없었다. 충분한 체력과 기술 그리고 경쟁에서 발생되는 부정적인 심리가 인지재구성의 심리기술에 의해 극복되면서 적절한 주의집중, 각성, 자신감, 목표의식 등 정신무장으로 최고의 경기력을 수행할 수 있는 긍정적인 경쟁 심리를 갖추고 있

한국사회인 검도대회 우승 - 인내는 쓰지만 그 열매는 달다.

었기 때문이었다. 안정된 경쟁 심리에 의해 매 경기마다 상대 선수들의 민첩한 움직임조차 날카로운 주의집중에 포착되어 그들이 실력을 발휘하기 전에 미리 제압했다.

　우승을 달성하기까지 대부분 모든 경기를 주어진 경기시간인 4분이 경과하기 전에 2:0으로 마무리 지었다. 단지 조 결승전은 연장전까지 가는 혈전이었다. 그러나 절박한 경기는 아니었다. 조 결승까지 옆에서 나의 경기를 계속 지켜 본 상대 선수는 나의 공격 패턴을 미리 간파하고 적절히 방어를 하였기 때문이다. 결국 연장전에서 퇴격손목을 공략하여 상대 선수를 물리쳤다. 매 경기에서 이러한 검도기술의 적절한 구사와 유효한 전략을 전개할 수 있었던 에너지는 효과적인 심리기술에 의하여 과잉의 경쟁불안이나 긴장에 의해 한쪽으로 마음이 집중되지 않고 전체 경기흐름을 냉정하게 파악할 수 있는 안정된 경쟁 심리를 유도하였기 때문이다.

21회 한국사회인검도대회를 대비하면서 기술 연습은 평소처럼 수련하였으나 심리기술 훈련과 체력단련에 좀 더 큰 비중을 두면서 훈련에 임하였다. 그러나 무엇보다도 최종 목표인 우승을 성취하려면 경기에서 잠재적인 실력을 최대로 발휘하는 것이 결정적인 요인이 될 것이다. 선수들이 경기에서 자신의 기량을 극대화시키기 위해 스포츠 심리기술을 효과적으로 적용시켜 적절한 경쟁 심리를 지속적으로 유지하는 것이 가장 중요하다. 선수들에게 경기 상황에서 나타나는 스포츠 심리는 꼭 한 가지가 아니라 다양한 경쟁 심리요소가 복합적이면서 불규칙적으로 발생하므로 경기 상황에 따라서 적절한 심리기술을 사용하여 긍정적인 경쟁 심리를 유지할 수 있어야 최고의 기량을 발휘할 수 있다.

2007년도 전국사회인검도대회에서는 노장부에 처음으로 도전하는 경기라는 목표가 뚜렷했기 때문에 기대가 컸다. 물론 기대가 컸던 만큼 부정적인 경기심리도 많이 발생하였다. 이러한 부적절한 경기심리를 주로 인지재구성의 심리기술로 극복하였다.

첫째, 다양한 경쟁 심리를 구분하여 자신이 통제할 수 없는 근심, 걱정, 불안 등을 철저히 억제하였다.

둘째, 불확실한 판단에서 발생되는 부정적인 심리요인(부정적인 예측, 염려, 초조, 긴장 등)을 긍정적인 심리(적극적인 패기, 용기, 모험, 자신감 등)로 재구성하여 강한 성취동기로 전환시켰다.

셋째, 우승을 최종 목표로 하였지만 자신의 능력에 대한 한계를 인정하여 현실적으로 실현 가능한 부분에만 노력과 관심을 집중하도록 하였다.

이상의 경쟁 심리 훈련계획을 수립하여 대회에서 경기를 수행하는 그날까지 꾸준히 체력, 기술, 심리훈련을 수련하는 과정에서 심리적 안정과 자신심을 가질 수 있었다. 그 결과 한국사회인검도대회 우승의 영광을 성취할 수 있었다.

박준동 학장님과 함께

나는 박사과정에서 스포츠 심리를 연구하면서 불안한 경쟁 심리에 많은 관심을 가졌다. 특히, 2007년도 한국사회인검도대회를 준비하면서 과학적인 스포츠 심리학을 운동 수행에 실제 적용하여 긍정적인 결과를 성취하고, 성과를 통해 스포츠 과학화와 스포츠 심리를 연구하는 자신의 자결성과 유능성을 확인하고 싶었다.

2007년 한국사회인검도대회의 우승은 인지재구성이라는 스포츠 심리기술을 효과적으로 활용하여 기술과 체력 그리고 과학적인 스포츠 심리의 절묘한 조화를 이루었으며 경기력의 극대화와 자신감을 체험하고 재검증할 수 있었던 대회였다.

사고정지 Thought stopping ## 11

– 치료보다 예방이 효과적이다
응집력, 카타스트로프 이론, 주의집중, 링겔만 효과

스포츠 경기를 수행하는 과정에서 심리적인 불안이나 생리적인 불안이 경기가 종료될 때까지 끊임없이 머릿속에서 일어났다가 사라지고, 상황에 따라서 또 다시 발생하기를 반복한다. 선수들은 경기가 마음대로 잘 안 풀리는 경우 혹은 순조로운 경기 흐름이 갑자기 악화되거나 기량이 떨어지는 경우 부정적인 심리로 인하여 긴장이나 불안이 상승하여 운동 수행을 더욱 어렵게 만든다.

마틴스Martens(1987)는 '사고 정지'란 스포츠 수행과정에서 바람직하지 못하는 불안감부정적인 예측, 걱정, 극단적 후회 등이 일어날 때 이러한 생

스포츠는 일체감을 유발한다.

각을 억제하기 위하여 의식적으로 자신에게 '중지' 혹은 '그만'이라
는 말을 함으로써 부정적인 심리의 지속적인 진행을 통제하는 것으
로 정의했다. 이렇게 '사고 정지'의 심리적 기법에 의해 부적절한 생
각이 통제되고 중지되었을 때 적절한 스포츠 심리기술^{인지재구성, 감정전}
^{환, 심상, 자화 등}을 활용하여 적극적인 사고로 대체하면서 긍정적인 경쟁
심리로 전환시킨다면 '사고 정지'의 심리효과는 더욱 확대되어 운동
수행을 극대화시킬 수 있다. 이처럼 운동 수행과정에서 나타나는 복
잡한 스포츠 심리현상에 대하여 단일한 심리기술보다는 상황에 따라
심리기법을 다양하게 적용하는 것이 더욱 효과적이다. 그러나 '사고
정지'의 스포츠 심리기술을 평소에도 지속적으로 훈련하고 스포츠
현장에서 적용하는 경험을 쌓는다면 긍적적인 효과를 얻을 수 있다.

실제 경기에서 불안한 감정이 발생하여 진행에 부정적인 영향을 미치고 있다면 '사고 정지'의 기술을 자주 응용시켜 보는 것이 경기력 향상에 도움이 된다.

오늘날 일반인들은 급변하는 물질주의의 편리한 생활을 누리면서도 개인주의로 인해 인간관계의 원만한 균형이 상실되어 심각한 소외감과 박탈감을 경험한다. 특히 첨단 과학의 산업사회는 현대인들에게 물질적인 풍요와 생활의 편리함을 주는 순기능적인 역할을 하지만 철저히 계획된 기계문명의 활동 규범을 지나치게 강요하고 있다. 때문에 사회구성원들은 자연스러운 본능적 욕구를 발산하고 충족시킬 건전한 통로가 구조적으로 차단되어 불안이나 긴장이 점점

스포츠의 인생철학
– 시간과 공간의 적절한 조화

축척되고 있다. 스포츠 활동은 사회생활에서 발생하는 부정적인 정서를 건전하게 전환시키고, 우울증, 대인공포증, 비만 등 많은 질병을 예방하여 신체와 정신의 건강을 유지하면서 불안, 긴장, 스트레스를 점점 해소한다.

그리고 다양한 분야의 사람들과 함께 어울려 실천하는 스포츠 활동은 개인주의에 의한 고립감, 소외감을 해소시키는 역할과 함께 구성원들로 하여금 공동의 목표를 달성하기 위하여 상호 신뢰와 유대감을 강화시키는 순기능을 한다.

스포츠 활동은 현대인들이 건전한 사회생활을 위해 요구되는 조화로운 인격 형성의 중요한 수단으로 활용되기 때문에 대중적인 여가 문화뿐 아니라 교육적 순기능으로 급격히 보급되고 있다. 따라서 현대인들의 사회생활 속에서 적극적인 스포츠 활동은 단순히 흥미나 즐거움을 추구하는 문화 활동의 차원을 넘어 건전한 경쟁성, 사회제도나 질서, 가치 등 직·간접 경험하고 습득하는 사회적 특성을 지니고 있다. 그러므로 스포츠 활동은 정신적으로 황폐한 현대인들에게 삶의 질을 개선하고 바람직한 사회인으로 향상시킬 수 있는 건전한 문화로 정착되고 있으며, 그 가치는 무엇보다도 매우 소중하게 인식되고 있다.

내가 소속되어 있는 테니스 클럽은 30명 정도의 회원들로 구성되어 있다. 그들 모두는 다양한 분야에서 성실하게 사회활동을 하고 있다. 그리고 테니스 클럽의 왕성한 활동을 통해 여가문화의 즐거움을 통해 건강한 신체와 건전한 삶의 활력을 얻고 있다. 아쉬운 점이 있다면 요즘 젊은 사람들의 테니스 클럽 참여가 매우 빈약한 실정이다. 몇 년 동안 더 이상 젊은 사람들의 테니스 입회가 이루어지지 않고 있다. 가끔 젊은 사람들이 테니스에 입문하는 경우도 있지만 오래 버티지 못하고 포기하거나 다른 여가문화를 찾아간다. 피에르 부르디외Pierre Bourdieu가 언급했듯이 세습적인 계급사회가 사라진 현대사회에서 상류 사회의 소수특권층들은 자신들과 다수 대중과의 차이를 구별 짓기 위하여 고급스러운 문화 활동을 이용하고 있다. 과거 테니스는 매우 고급스럽고 때론 사치스러운 스포츠였다. 1970년도까지 우리나라에서 테니스는 지식인이자 상류계층의 문화적 상징이었다. 그러므로 많은 사람들이 테니스 문화를 선망의 대상으로 여겼다. 당시에는 테니스를 치지 않는 사람조차도 테니스 라켓을 책과 함께 들고 다닐 정도였다.

편리한 기계문명의 세례를 듬뿍 받으며 살아가는 현대인들에게 다양한 사회구조와 가치관의 전환에 따라 문화 가치 판단에 있어서도 의식의 변화가 일어나고 있다. 요즘 대중들은 여가 문화를 숙달하고 즐기는데 좀 더 자극적이고 재미있는 종목을 선택하고 있다. 테니스처럼 오랜 시간과 육체적으로 힘든 인내를 필요로 하는 문화 활동을 더 이상 선호하지 않는다. 특히, 자외선의 부작용을 염려하는 일반스포츠 동호인들은 뜨거운 햇볕 아래에서 육체를 과도하게 사용하는 스포츠 활동을 기피한다. 우리 테니스클럽의 회원들의 평균 나이가 40대 중반일 정도다. 어떤 테니스 클럽은 60세의 어른이 막내 취

신익 테니스 클럽 – 스포츠는 건강한 사회생활의 에너지

급을 받으면서 온갖 궂은일을 도맡아 하기도 한다. 그들 대부분은 젊은 시절부터 상당한 자부심을 갖고, 타인들의 부러운 시선을 온 몸으로 받아가면서 테니스를 즐겼던 사람들이다. 이제 먼 과거의 추억이 되었지만 잊어버린 젊음과 낭만을 회상하듯이 오늘도 뜨거운 여름 햇살 아래에서 열심히 테니스를 즐기고 있다.

평소에는 바쁜 일정 때문에 테니스장을 찾는 일이 힘들지만 주말이면 대부분 클럽에 모여 테니스를 즐기면서 그동안의 안부를 주고받는다. 또한 한 달에 한 번 클럽 자체 테니스 대회를 통해 서로의 실력을 검증받기도 한다. 클럽 내부 테니스대회는 대외적인 테니스 대회에 비해 화기애애하고 재미있다. 대외적인 테니스 대회는 선수들에게 불안정한 정서불안, 염려, 초조 등를 유발시키지만 클럽 내 경기는 회원들끼리 친목을 다지고 즐거운 시간을 갖기 때문이다.

내가 소속된 테니스 클럽은 매월 마지막 주 토요일에 월례대회를 개최한다. 아침에 대회를 시작하면 오후 4시 정도에 모든 행사를 마친다. 클럽 내 회원들끼리의 월례대회는 즐겁고 재미있는 경우가 대부분이지만 경기를 수행하는 방법에 따라서 부정적인 심리현상염려, 걱정, 초조, 스트레스 등을 경험하기도 한다. 가령 클럽 자체 월례대회의 경우 그 결과가 한 달 내내 자신의 꼬리표처럼 따라 다니기 때문에 긴장하는 선수들이 종종 발생한다. 회원들은 실력에 따라 a조. b조, c조로 나뉘게 되는데 경기 결과에 따라 조가 바뀌는 일이 자주 발생하게 된다. 각 단계의 꼴찌는 한 단계 아래로 내려가고 1등은 한 단계 올라가게 되는 것이다. 한 달 동안 회원들의 실력을 평가하는 방법으로는 매우 객관적이고 바람직한 방법이지만 회원들에겐 심리적인 부담감을 안겨주는 대회방식이다.

월례대회는 오후에 있을 마지막 한 경기만을 남겨 두고 있었다. 나는 다른 회원들에 비해 테니스 입문은 늦었지만 열심히 연습을 한 덕에 c조와 b조에 연속으로 우승하여 a조 신입생으로 뛰고 있었다. 오전 경기는 매우 긍정적이었다. a조 신입생답게 성실히 경기에 집중하고 최선의 정신력을 발휘하여 매 경기를 승리로 장식하고 있었다. 파트너와의 팀워크도 원만하게 이루어지고 있었기에 경기는 매번 만족스러웠다. 경기는 매번 파트너를 바꾸는 방식이었고 승리 게임의 총 득실점으로 순위를 정하고 있었다.

점수판에 적힌 다른 a조 회원들의 경기 결과를 살펴보니 남은 마지막 경기에서 상대팀에게 많은 득실 차이로 승리를 한다면 a조에서

1등도 할 수 있는 의외의 상황이었다. 그러면 3개월 연속적으로 c조 우승, b조 우승, a조 우승이라는 초고속 성장을 하게 되는 상황이었다. 마음속으로 이렇게 환상적인 계산을 하자 마지막 경기가 기다려졌다. 그런데 이게 무슨 행운인가. 마지막 경기의 상대팀에는 여자 회원이 포함되어 있었다. 그녀는 여자 임에도 테니스계에 꽤 이름이 알려져 있었으며 남자들과 경쟁하여 a조에 당당히 입성한 선수였다.

'그래도 여자 선수 아닌가!'

이런 판단과 함께 a조 우승의 장면이 순간적으로 머리를 스쳐갔다.

경기가 시작되었다. 내 파트너부터 첫 서브를 넣었다. 파트너의 강한 서브는 정확하게 상대 서비스 코너의 좌측을 찔렀다. 급하게 백으로 받는 상대의 리시브 볼은 좀 높게 날아왔다. 마음의 준비를 미리 하고 있었던 나는 네트 중간으로 빠르게 나아가 강력한 하이 발리로 공을 간결하게 처리하여 득점했다. 첫 게임은 40:0. 우리의 승리였다. 첫 게임의 감이 매우 좋았다. 게임 스코어 1:0에서 코너를 바꿔 두 번째 경기를 맞이했다. 포핸드에 익숙한 나는 포 오른쪽 쪽에 위치하였고, 상대가 서브를 넣은 후 네트 플레이를 위해 전진할 때 그의 백 왼쪽 쪽 발 아래로 향하여 공을 드라이브 기술로 감아 넘겼다. 상대가 어렵게 받아 올리는 볼을 나의 파트너가 잽싸게 하이 발리를 이용하여 상대 코너의 빈 공간으로 공을 꽂으면서 성공적으로 처리했다. 두 번째 게임도 승리했다. 게임 스코어 2:0.

두 번째 게임을 너무 가볍게 마친 후 파트너와 회심의 미소를 지었다. 이번 경기에서 압도적인 승리를 확신했다. 지나친 자심감과 함께 약간 들뜬 흥분으로 인하여 지금까지 경기에 대한 집중과 적절한 각성의 심리가 조금 흩어지기 시작했다.

세 번째 게임은 나의 서브로 진행되었다. 분산된 정신력은 강한 서브의 정확도를 떨어뜨렸다. 아뿔싸! 서브를 넣으면서 처음부터 더블폴트를 하고 말았다. 첫 서브의 더블폴트로 1점 0:15을 잃은 후 두 번째 서브부터는 마음이 불안하여 서브의 강도가 급격히 약해지면서 안전 서브를 구사하는 나의 공을 상대는 강하게 되받아 공격하였다. 상대의 강한 공격 리시브에 어설픈 나의 방어는 더 좋은 찬스를 상대에게 제공하여 멋진 샷을 연속으로 허용하였다. 상대 선수들은 나의 결정적인 실수를 계기로 경기 흐름을 전환시키는 절호의 기회로 삼았다. 결국 나의 서브에서 한 포인트도 얻지 못하고 상대에게 빼앗기고 말았다. 게임 스코어 2:1. 서브에서 더블폴트의 결정적인 실수가 계속 마음에 부담으로 자리 잡았다.

'집중된 정신을 풀지 말았어야 했는데', '좀 더 신중하게 서브를 구사해야 했었는데', '상대를 얕보지 말았어야 하는데', '큰일이야', '질 것 같다.'

계속 머릿속에서 조금 전의 실수가 맴돌면서 그 후회의 감정을 쉽게 떨쳐버릴 수가 없었다. 온통 머릿속에 부정적인 생각 근심, 걱정, 불안, 후회으로 꽉 채워져 있었다.

이러한 부적절한 심리상태에서 몸과 마음이 경직되고 호흡이 짧아지면서 심장박동이 빨라지는 생리적 현상과 함께 둔한 움직임과 안절부절못하는 불안한 행동증상이 발생하였다. 그리고 정신적인 혼란이 더욱 가중되어 판단력이 점차적으로 흐려지면서 경기력이 급격히 저하되는 현상으로 나타났다.

이처럼 부적절한 심리적, 생리적, 행동적 불안은 정상적인 경기를 수행하는데 상당히 방해가 되었고 잠재적인 실력을 제대로 발휘하지 못하는 원인으로 남았다. 우승을 해야 한다는 부담감과 더블폴트로 인하여 세 번째 경기를 상대에게 내주었던 사실은 목표달성을 실패할 수 있다는 부정적인 예측과 걱정을 더욱 촉진시켰다. 그러나 네 번째 경기를 꼭 잡아 우승의 문턱에 다가서리라 마음먹었다.

여자 선수의 부드러운 서브가 백^{왼쪽}으로 들어왔다. 여자 선수가 서브하는 이번 게임은 꼭 이겨야 한다는 조급한 마음과 부정확한 판단에서 무리하게 강한 백 드라이브의 리시브를 구사했다. 터무니없는 에러를 범하고 말았다.

성급한 심리는 동작에 힘이 너무 강하게 들어갔으며 경기 결과에 대한 불안한 걱정은 마음을 한 곳에만 쏠리게 하여 주의의 폭을 좁게 만들었다. 그래서 경기 상황의 적절한 판단과 상대의 빈틈을 올바르게 인식하는 집중력이 부족하였다. 꼭 잡아야하는 상대 선수의 서브게임을 40:15로 내주었을 때 우리 팀의 실망과 무력증은 더욱 증가되었다. 비록 게임 기록은 2:2였지만 우리 팀의 심리적인 상태에서는 이미 패배의식이 팽배하였다. 처음에 뚜렷했던 목표의식이 점점 희미해졌다. 부정적인 예측, 걱정, 초조 그리고 최종목표에 대한 자신감의 상실은 결정적으로 경기 의욕을 급속히 떨어지게 만들었다. 갑자기 엄습하는 인지적인 불안과 부정적인 생리현상으로 경기의 흐름은 최악의 상태로 진행되어 갔다. 부정적인 스포츠 심리 현상인 '카타스트로프^{대재앙}'의 증상이 발생하였다. 우리 서브로 시작된 다섯 번째 게임도 생리적 불안 증상으로 근육경직, 심장박동의 증가, 짧고 빠른 호흡, 멍한 머리의 공황상태 등이 총체적으로 유발되었다. 심지어 평범한 공격과 방어 과정에서 자책이 증가하였고 그 결과 너무 가볍게 게임을 상대에서 내주고 말았다. 게임 스코어 2:3 이 되었다.

테니스의 복식 경기는 선수들의 체력과 기술 외에 매우 미묘한 심리적 현상에 따라서 상당히 다양한 경기결과를 야기한다. 파트너와 함께 호흡이 잘 맞고 응집력이 강한 일체감을 느낄 때 자신들도 예측하지 못한 잠재적 신체기능이 부각되어 최고의 실력을 발휘한다. 이와 반대로 서로의 유대감 또는 신뢰감이 떨어지거나, 파트너 중 한 사람이라도 기대 이하의 실망스러운 운동 수행을 계속 진행한다면 다른 파트너에게 부정적인 심리를 전달한다. 이런 경우 파트너의 경기 의욕을 추락시켜 잠재적인 경기력이 충분히 발휘되지 못하고 현저히 하락하는 사회적 태만현상, 즉, 링겔만 효과가 나타난다. 이러한 링겔만 효과는 잉함^{Ingham(1974)}의 실험에서도 밝혀졌듯이 집단의 크기가 증가하면 선수 개개인의 책임이 분산되어 동기가 감소하기 때문에 표현되는 실제 힘이 최대 힘보다 현저히 줄어드는 현상이다. 부정적인 팀워크에 의한 조정손실보다는 동기손실로 인하여 전체의 잠재적인 능력보다 훨씬 부족한 기량을 발휘한다. 이 경우는 테니스 복식뿐 아니라 여러 선수들이 경기하는 검도, 축구, 농구, 배구 등 단

스포츠는 건전한 경쟁심을 학습시킨다.

체전에서 자주 나타나는 현상이다.

공식 테니스대회에서는 홀수 게임 수마다 코트를 바꾸어 경기를 한다. 코트를 이동하면서 파트너와 더 이상 말이 없었다. 다음 게임을 위해 서로 전략, 전술을 짜는 팀의 응집력, 협응력, 유대감이 거의 상실되었다. 가슴은 답답하고 마음은 근심, 걱정, 초조 등 부정적인 생각으로 꽉 채워져 있었으며, 행동은 더욱 혼란스럽고 둔화되었다. 우리 팀의 이러한 동기손실에 의한 의욕상실이 반동적으로 상대팀의 기세를 더욱 강화시켰다. 상대 서브는 강하고 날카로웠으며, 긴장되고 수축된 우리 팀의 신체 움직임은 많은 빈틈을 노출시켜 상대 선수들에게 멋진 샷을 여러 번 허용했다. 계속적인 불안과 걱정스러운 생각들은 전체 경기 흐름을 판단하는 집중의 폭을 매우 좁게 만들었다. 그래서 상대의 움직임과 빈틈 그리고 상대가 공격한 볼이

네트를 넘어 오기 전에 어느 방향으로 날아올 것이라는 예측하는 마음의 여유가 거의 없었다. 때문에 상대공격에 대하여 미리 짐작하기 보다는 눈앞의 공만 쫓는 우리 팀의 움직임은 항상 조급하였으며 불안한 몸의 중심은 방어와 공격의 평범한 기술 수행에서도 범실이 잦았다. 경기는 2:6. 어이없는 패배였다. 우리 팀은 2:0의 유리한 게임 점수에서 어느 한 순간의 방심과 실수로 발생하는 심리적인 혼란을 결국 극복하지 못하고 연속적으로 6게임을 상대 팀에게 내주고 말았다.

그날 월례대회의 우승은 다른 회원이 차지했다. 3개월 연속적으로 c조, b조, a조 3회 우승이라는 경이적인 기록을 남길 수 있었던 절호의 기회도 사라졌다.

테니스의 경우 한 순간의 가벼운 실수로 부정적인 경쟁심리가 작용하면 신체적 불안으로 이어진다. 경기과정에서 이런 변화는 전체 경기의 흐름에 결정적으로 나쁜 영향을 미쳐 경기결과를 완전히 반대로 바꾸어 놓는 상황이 자주 발생된다. 특히 마지막 경기를 진행하면서 내가 더블폴트를 범한 후 경기에 방해가 되는 온갖 불안한 걱정으로 부정적인 심리^{부정적인 예측, 초조, 염려, 긴장 등}가 크게 상승하였다. 그 결과 생리적으로 근육이 경직되고 심장박동이 빨라지면서 자신의 경기력을 정상적으로 발휘하지 못하는 경우, '그만!', '중지!' 등의 외침을 자신에게 주문하듯 사용하여 경기 수행에서 발생하는 부정적인 정서와 불안을 중지시키는 사고 정지의 스포츠 심리기술을 활용해야 한다. 그리고 다른 종목의 단체 경기에서도 유사한 현상이 종종 발생하겠지만. 테니스 복식경기에서 나로 인하여 파트너의 경기력에 부정적인 영향을 미칠 수 있는 링겔만 효과가 발생할 수 있다. 그러므로 이러한 경기상황에 직면했을 때 적절한 심리기술을 이용하여 가능한 빨리 부정적인 심리를 사전에 차단시켜야 긍정적인 경기결과를 기대할 수 있다.

사고 정지의 심리기술은 경기를 수행하면서 불리한 상황을 맞이하였을 때 바람직하지 않은 생각의 진행을 즉각적으로 억제하거나 제거하여 더 이상의 다른 불안한 심리, 생리상태의 악순환으로 전이되기 전에 안정적인 심리상태를 유지시키는 방법이다. 그러므로 '더블폴트는 테니스 경기에서 누구에게나 흔히 일어나는 자연스러운 실수야!', '전에도 자주 경험했지만 나는 충분히 극복했어.', '상대도 나와 마찬가지로 실수할 수 있어!', '참착하게', '부정적인 생각 중지!', '그만!' 등 사고 중지의 심리기술과 함께 긍정적인 자화, 감정전환, 심상 등의 스포츠 심리기술을 활용하여 긍정적인 심리상태로 전환시킨다면 자신의 경기력을 회복하고 파트너와 함께 실력을 최대로 발휘할 수 있는 동기가 될 수 있는 것이다.

다양한 스포츠 수행에서 한 순간의 실수로 인하여 심리적인 동요가 경기 전체의 승부를 결정하는 절대적인 원인이 될 수 있다. 이런 상황에 직면하였을 때 선수들이 사고정지의 스포츠 심리기술을 활용하여 부정적인 심리상태를 중지시킨 후 안정적이고 긍정적인 심리상태로 전환시킬 수 있다면 어떤 경기에서도 자신감을 가질 수 있다. 그러므로 스포츠 경기에서 사고정지의 심리기술은 선수들로 하여금 위기심리를 극복하고 잠재적인 기량을 최대로 발휘하여 즐겁고 짜릿한 스포츠의 쾌감을 더욱 만끽할 수 있도록 할 것이다.

동 기 Motivation 12

　　동기는 '움직이다. 활동하다. 진행하다.' 라는 의미를 지닌 라틴어에 어원을 두고 있다. 동기는 스포츠 활동의 전체적인 흐름에서 시작과 지속성, 운동 수행의 강도뿐 아니라 포기를 결정하는 요소에 있어서도 아주 중요한 영향을 미친다. 그러므로 스포츠 참가자는 바람직한 운동 동기를 유발시키는 것이 스포츠 수행의 지속적인 발전을 위해 매우 중요하다. 심리과학 및 행동과학에서도 인간의 행동은 무엇보다 동기에 의해 상당한 지배를 받는다고 한다.

　　사게 Sage(1977)는 동기를 '노력의 방향과 강도'라고 정의한다. 즉,

스포츠는 세대간의 교감이다.

특정한 목표를 추구하기 위하여 활동하는 방향과 목표를 추구하는 행동에서 어느 정도의 열정적 강도를 의미한다. 그러나 동기는 사람들이 판단하는 관점에 따라서 다양한 차이를 나타낸다.

와인버그 Weinberg와 고울드 Gould(1995)는 동기를 다음과 같이 해석한다. 스포츠 참가자의 개인적인 성격이나 목표의식에 따라서 동기 수준이 좌우된다고 한다면 운동을 지속적으로 그리고 성공하기 위해서 개인적인 성격의 내적 동기수준이 높아야 한다. 한편 운동동기가 개인적인 성격보다는 운동시설, 지도자의 능력과 지도 방법 그리고 주변 환경과 대인관계 등에 의해 결정된다는 관점에서는 운동 수행의 주변 상황적인 외적 동기요인들이 스포츠 참가들에게 매우 중요하다. 그러나 현장에서 스포츠 활동을 수행하는 많은 스포츠 참가자들의 경험을 판단해 볼 때 이러한 독립적인 내외적 동기 설명보다는 참가자의 성격적 특성과 주변의 환경적 요인들이 함께 어울려 강한 동기로 영향을 미친다는 상호작용적 관점^{interaction view}이 가장 설득력이 있다.

　20대 초반부터 배우고 싶었던 검도의 인연이 10년이 지나고 결혼을 한 후 30대 중반에 맺어졌다. 그 당시 검도 수련은 몸이 허약하고 고질적인 허리질병을 앓고 있는 상태에서 예방 겸 치료 목적으로 시작하였지만 검도세계의 경험은 나에게 너무나 자극적이고 충격적인 사건이자 삶에 있어서 신선한 재발견이었다. 그리고 검도 수련을 통해서 건강한 심신은 복잡한 일상 속에서 발생하는 많은 괴로움, 불안, 근심, 걱정 등을 인내하고 극복할 수 있는 무한한 에너지로 다가왔다. 검도 수련에서 깨달음의 깊은 철학은 인생의 바람직한 길道이면서 머나먼 인생의 길을 여행하는 든든한 동반자였다. 이러한 강한 동기들은 검도를 열심히 단련하면서 누구보다도 아끼고 지속적으로 사랑할 수 있는 원동력이 되었다.

　무엇보다도 검도의 무한한 매력은 검도의 내면에 존재하는 독특한 모순미矛盾美에 있다. 움직임과 정지, 단순과 복잡, 강함과 부드러움, 변화와 부동 등 정반대의 개념이 어우러지고 교차하면서 변화무상한 조화를 만들어내는 깊이에 검도의 짙은 맛이 있다. 검도의 이러한 특성은 단순한 호기심으로 검도에 입문하여 감각적이고 즉물적인 즐거움을 추구하려는 세속적인 사람들에게 잘 어울리지 않는다. 그들은 검도에서 강하고 때로는 은은한 향기를 가슴속 깊이 맡을 수가

묵상 – 무위無爲는 모든 것을 초월한다.

없다. 아니 이러한 말초적인 사람의 가벼운 접근을 처음부터 거부한다. 검도의 수련과정에서 간결함과 단순함의 정서는 자극적이고 물질적인 사회 속에서 살아가는 나의 삶에 검소함과 소박함의 미덕을 스며들게 하였고, 검도 속에 내재된 철학적 원리는 물질주의 세계에 친숙한 감각적 사고에 인생의 깊이를 더욱 심화시켰다. 그리고 지속적이고 규칙적인 검도 수련은 혼란스러운 하루하루의 생활 속에 안정적인 활동 리듬을 전이시켜 건조한 삶을 즐거움과 감동이 있는 풍부한 삶으로 이끌어간다.

검도 수련으로 온 몸은 땀범벅이 되었고 붉게 상기된 얼굴의 열기는 저녁까지 좀처럼 식지 않았다. 검도 도장에서 못다 푼 화두를 가슴속에 가득 품고 돌아오면 집에서, 사회생활에서 그 깨달음과 정신적 활동은 또 다른 검도의 깊은 맛으로 체험하였다. 검도의 삶의 활력이며, 신선한 호흡이자 미래의 약속이었다. 메마른 기계문명의 사회 속에서 검도가 곁에 있었기에 하루가 건강하고 활기가 넘쳤다. 그러므로 검도 수련의 불참은 생활 의욕의 상실과 심리적 불안으로 이어졌다. 나의 생활은 온종일 끊임없는 검도의 정서와 분위기로 꽉 채워져 있어 거의 중독에 가까웠다. 집에도, 직장에도, 승용차에도 검도 장비가 들어 있었다. 검도 도장에는 여벌의 장비가 갖추어져 있었다. 심지어 밤에 잠을 자면서도 검도 꿈을 꿨다. 시합을 목전에 두고 평소보다 더욱 강도 높은 연습을 하는 날은 자면서도 연습을 하는 통에 아내가 힘들어했다. 아내는 나의 헛발질에 차이지나 않을까 싶어 종종 밤을 지새웠다고 한다.

검도에 관한 열정과 수련의 강도는 휴가를 보내면서도 여전했다. 가족과 함께 외지에 나가 즐기는 휴가 중에도 아침에 혼자 일어나 검도 수련을 했다. 하루라도 수련을 거르면 알 수 없는 허전함과 아쉬움이 생겨났고, 불안감이 마음 한 구석에 자리 잡아 휴가가 즐겁지 않았다.

아이들이 아직 어릴 때, 주말이면 금정산 솔밭에서 수련을 했다. 아침 일찍 집을 나서도 승용차로 한 시간이 걸리는 곳이었다. 아담한 개울 옆에 자리를 잡으면 신선한 바람 속에 묻혀오는 짙은 솔향기와 싱싱한 풀 냄새가 몸속 깊숙이 스며들고 조용히 흘러가는 맑은 개울물 소리는 세속에 찌들고 혼탁해진 뇌와 영혼을 깨끗이 씻어 내렸다. 아이들은 즐겁고 호기심이 가득한 해맑은 모습으로 이리저리 숲속을 다니면서 자연을 호흡하였고 아내는 집에서 챙겨온 아침을 정성스럽게 준비하고 있을 동안, 나는 검도 수련과 체력을 단련하기 위해 높은 산을 오르내렸다. 그리고 한적한 숲속에 들어가서 목검을 들고 검도 훈련에 전념하였다. 산 속에서의 검도 수행은 턱까지 차오르는 거친 숨 가쁨조차 즐겁고 희열감에 마냥 가슴이 뿌듯하였다.

검도에 입문하면서 다른 종목의 운동들은 관심에서 자연스럽게 멀어졌다. 그때부터 오직 검도에 몰두하였다. 그리고 검도에 대한 자신감과 자부심은 검도 수행을 더욱 성실하게 할 수 있는 강한 동기로 자리 잡았다. 가슴속에 넘쳐흐르는 검도에 관한 애착과 애정을 억누르지 못해 사무실에서 손님만을 만나도 이야기의 주제는 오직 검도였다. 사무실을 방문한 손님들은 어쩔 수 없는 불모의 상태에서 끝없는 검도 얘기를 들어야 했다. 나의 검도 열정에 대한 감동 때문이었을까, 아니면 세뇌가 되었기 때문이었을까? 그들 중 20여 명은 결국 검도와 인연을 맺고 말았다.

1990년도에 '모래시계'라는 인기드라마의 영향으로 전국에 검도 열풍이 휘몰아쳤다. 도장에서는 더 이상 관원을 받아들일 수 없을 정도로 많은 사람들이 몰려들었다. 당시 검도 도장은 운동을 시작하기 전 선임자 순서대로 도장 마룻바닥에 무릎 꿇고 앉아 묵상하는 시간을 가졌는데 제일 뒤에 앉은 사람에게 제일 앞에 앉은 선임자가 보이

밤은 길고 검 노래 멀리 퍼지네

지 못할 정도였다.

그때 제일 뒤에 앉아 있던 나는 '내가 아무리 오랫동안 운동을 하여도 저 선임자 위치에 앉지 못할 것이야.' 라고 자책했었다. 모든 선임자들이 너무나 열심히 운동하고 있었기에 10년이 지나도 똑같은 서열로 이 자리에 있을 것이라는 생각이 들었던 것이다.

검도에 입문하여 한 도장에서 수련한 기간이 벌써 19년이 넘었다. 강산이 두 번 변할 정도의 세월이 흘러가면서 많은 경험을 하였다. 그러나 지금은 내가 제일 선임자 자리에 앉아 있으니 앞서 검도를 수련하였던 수많은 사람들은 이제 여기에 아무도 없다.

이처럼 검도 수행에 대한 나의 감동과 열정, 비록 지금은 헤어졌지만 그동안 함께 수련하면서 서로 위로하고 다정했던 동료들이 있었기에 강도 높은 수련의 어려움을 극복할 수 있었다. 이러한 내외

동기의 상호영향은 지속적으로 검도를 사랑하며 수련의 발전을 이어
갈 수 있는 강한 힘이 되었다. 아울러 검도에 입문한 지 약 6개월이
지난 후 그동안 무척이나 고생스러웠던 허리 병이 깨끗이 치유되었
을 뿐 아니라 누구보다도 튼튼한 허리를 가졌다는 자부심을 가지고
있다.

검도의 수련은 가슴 깊은 곳에서 잔잔히 전해지는 설렘으로 시작
되었고, 수련의 종료는 여전히 칼끝에 담긴 검심劍心의 아쉬움과 미련
으로 항상 마음속에 강한 여운을 남긴다.

야간 수련 후 평검회 검우들 – 스포츠는 순수한 인격의 만남이다.

손끝에 남은 검심 劍心

아리랑 아리랑 아라리오
아리랑 고개루 나를 넘겨주오

휘영청 밝은 달밤
창가에 달빛 흐르고

칼 노래 소리
어둠 속으로 사라지네

봄 여름 가을 겨울
나의 길은 언제나 외로운 길 道

귀뚜라미 소리
가을 밤 깊어가니
어이할까 어이할까
손끝에 남은 검심

아리랑 아리랑 아라리오
아리랑 고개루 나를 넘겨주오.

검도 수련을 시작하면서 시간은 비록 짧지만 검도에 대한 자신감과 열정은 누구보다 강하고 가슴속에서 끊임없이 새롭게 넘쳐났다. 이렇게 검도에 관한 집착적인 애정은 자연스럽게 검도대회에 관심을 쏟게 만들었다.

1995년 부산시장기검도대회 도장별 개인 우승은 오래된 검력에서 발휘되는 기술과 노련함이 아니라 검도에 대한 강한 동기와 열정의 결실이며, 그러한 열정적 동기의 연장선상이자 현실화였다. 그 당시에 진행되는 검도대회 방식은 지금처럼 선수층의 구분이 다양하게 세분화되지 않았다. 부산시장기검도대회는 부산에서 가장 권위가 있는 대회로 선수들의 나이와 검력劍歷에 관계없이 무작위로 경쟁을 하였다. 검도를 사랑하고 아끼는 검사라면 누구나 참가하여 우승을 한 번 해보고 싶은 욕심을 가지고 도전하는 대회였다.

부산시장기 검도대회의 우승을 위해 32강, 16강, 8강, 4강, 준결승 등 여러 경기를 수행하는 과정에서 아직도 잊지 못하고 지금까지 기억 속에 선명하게 남아있는 시합이 있다. 준결승전과 결승전이었다. 두 경기에서 경험한 경쟁수행의 과정을 되새겨보면 나도 없고, 나를 혼란스럽게 하는 경쟁상대도 없고, 그리고 심판과 주변의 수많은 관중들도 더 이상 의식에 들어오지 않았다. 거의 무념무상의 심리상태에 빠져 경기에 몰입하였던 극도의 경쟁적인 시합 경험이었다.

준결승전에서 만난 상대는 평소 내가 수련하는 도장에서 나를 지도하는 사범이었다. 그는 내가 검도에 입문하면서부터 기초부터 성실히 지도하였으며, 경기 며칠 전까지도 시합지도를 열심히 했던 사람이었다. 그리고 자신도 어느 검도인 못지않게 열심히 검도 수련을 하였고 다양한 검도대회에서 풍부한 경험을 축적한 젊은 사범이었다. 내가 준준결승전을 승리한 후 다음 경기를 기다리고 있었다. 사범은 자신의 준준결승전을 대기하면서 나에게 와서 곧 시작할 준준결승전에서 자신이 이기면 나와 준결승전을 할 것이라는 힌트를 주었다. 그러나 그의 말은 더 이상 나에게 의미가 없었다. 나의 마음은 시합을 앞두고 발생될 수 있는 약간의 정서적 흔들림도 일어나지 않았다. 그 시간 그 장소에서 나는 오직 검도의 열정과 경기에만 몰두하였다 그 때문에 주변의 다른 외적 요인들은 경쟁불안이나 심리적 동요에 영향을 미치지 못하였다. 특히, 경기장에서 나는 다른 사람들과 마주쳐도 인사를 잘 하지 않는다. 가볍게 묵례만하거나 모르는 체하고 지나친다. 체육관에서 경기 전 친분이 있는 여러 검인들과 담소나 인사를 자주 나눠다 보면 심리적으로 주의가 분산되었다. 고도의 집중력을 요구하는 검도시합에 많은 심리적 동요를 유발하여 검도 기량을 충분히 발휘하지 못하는 원인이 되었다. 이런 이유로 해서 본의 아니게 경기장에서 오해를 심어준 검우들에게 이 지면으로 양해를 구하고 싶다.

젊은 사범은 준준결승전에서 상대방 선수를 가볍게 물리쳤다. 그리고 다시 나에게 와서 '서로 최선을 다해 시합하자.' 는 짧은 말을 남기고 준결승을 준비하기 위해 반대편 코너로 갔다. 온통 경기에만 마음을 쏟고 있는 나에게 대적할 상대가 누구인가를 판단하고 헤아릴 여유가 없었고, 오직 대적해야 하는 경기 상황에만 몰두했다.

드디어 준결승전이 시작되었다. 같은 검도 도장의 사범과 그의 제자가 시합을 겨루는 진풍경이 펼쳐졌다. 같은 도장에서 평소 함께 운동하는 동문들끼리 경기장에서 기량을 겨루는 경우는 종종 있지만 사범과 제자가 시합에서 경기하는 경우는 거의 없는 현실이다.

사범은 그런 긴박한 시합 상황에서 제자의 칼을 잘 알고 있지만 나는 그의 칼의 깊이를 잘 알지 못한다. 도장에서 지도를 받거나 연습을 할 때도 검력과 기량이 사범에게 훨씬 미치지 못하기 때문에 최선을 다하여 그에게 대적하였지만 나를 상대하는 사범은 검도 수준에서 많은 여유를 가지고 쉽게 나의 칼을 제압하였다. 그러므로 젊은 사범이 공식적인 경기 상황에서 자신의 실력을 최대로 발휘한다면 어떠한 기량이 전개될 것인가를 예측하는 것은 상당히 어려웠다.

주심이 '시작' 이라는 선고에 사범의 몸 움직임은 빠르면서도 안정적이고 여유가 있었다. 서로 짧고 강하게 부딪치는 칼의 마주침에서 젊은 사범의 칼끝에는 긴장감과 날카로움이 서려 있었다. 섬세한 그의 눈매는 나의 미세한 움직임 속에서도 실낱같은 작은 틈을 포착하여 공격해 들어오는 반응은 전광석화처럼 빨랐으며, 작은 허점도 놓치지 않았다. 타이밍과 유효거리를 놓친 칼의 무딘 공격에 공방불이攻防不二라는 검도 정석대로 그의 반사적 공격은 즉각적이고 위협적이었다. 그러나 검도 수련과 시합 경험의 미숙으로 상대방의 움직임에 따라 거리를 맞추고 공격 타이밍을 포착하는 노련함은 젊은 사범에 비해 많이 뒤떨어졌지만 무서울 정도의 경기 수행에 대한 강한 정신력

정중동靜中動 – 건전한 경쟁은 스포츠의 꽃

과 적정수준의 각성 정도는 부족한 문제점들을 충분히 보충해 주었다. 비록 젊은 사범에게 지도를 받는 제자지만 감히 그가 쉽게 근접하여 제압하지 못하게 하였다. 나의 눈은 강한 집중력으로 빛을 발산했다. 집념에 가득 찬 마음은 한순간도 흔들리지 않고 당당히 그와 대적하고 있었다. 그는 평소 도장에서 수련을 함께하면서 나의 검도 수준을 판단할 때 쉽게 경기를 마무리할 것으로 생각하였다. 그렇지만 예상외의 반응에 경기가 길어지고, 자신의 뜻대로 풀리지 않자 당황하고 초조한 마음이 일어나면서 부정적 각성수준이 증가하였다. 선수들이 경쟁적인 경기 수행에서 자신의 불안한 감정과 생각을 겉으로 노출시키는 것은 상대에게 반사적으로 자신감을 심어주는 동시에 자신의 경기력을 더욱 떨어뜨리는 결과를 초래한다. 대개 선수들이 이러한 경쟁 심리상태에 빠지면 상대방의 움직임과 경기상황을 정확히 인식하는 판단력과 시각이 점차적으로 좁아진다. 그리고 마음이 한곳에만 빼앗기어 경기 흐름의 전체 변화를 냉철하게 파악하는 것이 어렵게 되면서 무리한 공격을 시도하게 된다.

4분 중에서 약 2분 30초 정도가 지나가는 시간이었다. 검도경기에서 보편적으로 2분이 지나면 선수들은 초초하고 조급한 마음의 갈등과 불안한 심리가 작용한다. 이렇게 불안한 심리는 각성을 과도하게 촉진시켜 신체와 정신을 경직시키고 주변 환경을 판단하는 주의 집중을 더욱 좁게 만든다. 그러므로 절박한 검도시합에서 불안한 심리와 좁은 주의집중은 상대방에 대한 제한된 정보만을 인식하기 때문에 올바른 판단과 적절한 행동을 수행하는데 더욱 어렵게 만든다. 불안한 심리로 좁아진 주의집중은 잘못된 판단과 함께 부적절한 경기 수행의 움직임 속에서 스스로 빈틈을 노출시킨다. 더군다나 주변의 많은 관중들은 사제지간에 공식 경기라는 이색적인 상황을 관심 어린 호기심으로 지켜보고 있었다. 이러한 상황에서 제자를 마음대로 제압하지 못하는 젊은 사범은 조급한 경쟁 심리에 쫓기게 되었다. 지금까지의 안정되고 균형 잡힌 평상심平常心을 버리고 갑자기 발놀림과 칼 움직임의 리듬이 빨라지면서 부적절한 타이밍과 거리 포착에 의한 공격 횟수가 점점 많아졌다.

서로 숨이 멎을 듯이 긴장되는 겨룸 상황에서 내가 먼저 짧게 한 발 전진하는 순간 공격 타이밍으로 판단한 그는 온 몸을 던지듯 나의 머리를 크게 치면서 공격해 들어왔다. 그러나 검도시합에서 한 순간의 타이밍 오차와 실낱같은 거리 판단의 실수가 용납되지 않는다. 이미 나의 두 발이 안정되게 접지된 상태에서 사범의 머리 공격은 적절한 공격 타이밍을 놓친 것이다. 이런 실수는 상대방에게 손목이나 허리의 대등의선이나 후의선 공격을 당하기가 쉽다. 순간적으로 이성적 분석보다는 신체의 감각이나 본능에 모든 것을 맡겼다. 나 자신도 의식할 수 없는 무의식의 상태에서 반사적으로 머리 공격에 그의 허리를 정확히 타격하면서 몇 걸음 나가고 말았다. 나의 죽도가 상체 보호 장비인 갑의 딱딱한 허리 부분을 힘 있게 그리고 경쾌하게 베었다. 젊은 사범은 물론 나 자신조차 이러한 결과를 전혀 예측하지 못하였다. 경기 코트에서 3명의 심판들 전원이 일제히 한 판승의 깃발을 번쩍 들었다. 정말 내가 사범을 상대로 평소 도장에서 한 번도 성공하거나 감히 근접할 수 없었던 허리기술로 이런 결과를 만들었다는 것인가. 나도 그도 심판들의 판결을 믿지 못하듯 더 이상의 움직임을 잊은 채 멍하니 올라간 깃발을 쳐다보고 있었다. 시합을 유심히 지켜보든 관중들도 '오~' 탄성과 동시에 말을 잊은 듯 동작을 멈추었고, 순간적으로 코트에서 정적이 흘렀다. 주심의 '허리' 라는 큰 판정 소리에 일순간 정신적 공황상태에서 깨어난 젊은 사범과 나는 두 판째 경기를 위해 다시 경기개시선으로 되돌아 왔다.

매우 당황한 사범은 '두 판째'의 주심 선고와 동시에 발의 이동과 칼의 움직임이 아주 민첩하면서 공격적인 경기 흐름을 주도적으로 잡아 나갔다. 시간은 약 1분 정도 남았다. 그의 입장에서는 우선 남은 시간 내에 한 점이라도 빨리 만회하여 비긴 후 연장전에서 승리를 얻어낼 전략을 세웠을 것이다. 검도경기에서 1분은 결코 짧은 시간이 아니었다. 상황에 따라선 역전시킬 수도 있는 충분히 긴 시간이었다, 그러나 그는 부정적인 정서불안, 긴장, 당황함 등에서 촉진된 과잉의 각성으로 인하여 남은 1분을 효율적으로 활용하는 마음의 여유를 가질 수가 없었다. 심리적으로 당황하고 경직된 신체에서 실행되는 동작은 부드럽지 못하고 몸에 힘이 많이 들어갔으며, 칼과 신체의 움직임은 유연하게 강약의 조화를 이루지 못하였다, 그래서 그의 공격 기술은 어색하고 단편적 수행으로 이어지면서 공격 흐름이 끊어지고 있었다. 크고 경직된 선수의 공격 순간은 나에게 미리 간파되고 읽혀졌다. 오히려 절제하지 못하고 무리한 공격의 실패는 역습을 당하는 계기로 이어졌다. 안정적인 스포츠 심리상태에서 발휘되는 기량은 훌륭하고 뛰어났지만 평상심의 침착함을 잃고 혼란스러운 정서의 경기 수행은 잠재된 자신의 실력을 충분히 발휘하지 못하였다. 일반적으로 강하게 촉진된 각성상태에서 주의집중이 좁아진 선수들은 자신의 허점을 노출시키지 않고 상대의 틈을 노려 날카롭게 공격해 들어가는 적절한 순간을 올바르게 포착하지 못한다. 오직 공격의 욕심에만 집착하다가 상대 선수에게 노출된 자신의 더 큰 약점으로 인하여 패배를 경험한다.

마음이 조급한 사범은 바늘처럼 섬세한 판단력으로 상대의 틈을 침착하게 기다리지 못하고 짧은 보폭으로 전진하면서 곧바로 몸을 던지듯 나의 머리 타도를 위해 돌진했다. 그 순간 그의 손목이 크고 뚜렷하게 보였다. 심리적으로 한 점의 동요나 한 순간의 망설임도 없이 즉각 그의 손목을 강하게 찍었다. "팍" 하는 소리와 함께 모든 것은 결정났다. 2:0. 나의 승리였다.

　준결승 시합을 지켜보던 많은 사람들은 의외의 결과에 말을 잇지 못하였다. 경기장에 또 한 번의 정적이 감돌았다. 지금 생각하면 미안하고 아쉬움이 많이 남는 시합이었다. 사범과의 준결승 경기가 끝난 후 즉시 찾아가서 부족한 제자가 운이 좋아서 실례를 했다는 인사말을 전했다면 더 훌륭한 마무리가 되었을 것이다. 그러나 그 당시의 상황에서 내 자신이 경기에 너무 몰입하고 있었기 때문에 준결승전에서 누구를 이겼는지를 의식하지 못하고 있었다. 오직 다음 시합인 결승전을 준비하고 있었다. 그리고 주변의 격려와 기대, 마음의 갈등이나 불안 등 내외적 자극에 집중력이 분산되지 않고 오직 시합에만 집중하려 애쓰고 있었다.

　지금은 우승자와 준우승자를 결정하는 시간을 절약하기 위하여 각각의 체급에서 준결승전까지 경기를 치르고 곧바로 그 코트에서 개별적으로 결승전을 진행한다. 이러한 경기 방식 때문에 그 대회에서 가장 관심이 높고 경기 내용이 흥미로운 결승전을 모든 관중들이 즐기며 관람할 수 있는 극적인 기쁨이 반감된다. 그러나 그 당시 부산시장기 종별 검도대회에서는 각 체급별 준결승전을 모두 마친 후 그날 대회에서 가장 경기 기량이 뛰어나고 관중들의 관심이 집중되는 결승전을 따로 남겨두었다. 그리고 각 부에서 결승전에 올라온 두 사람은 그 넓은 실내체육관의 중앙 코트로 나가 모든 사람들이 지켜보는 가운데 자웅을 겨루는 긴박한 시합을 진행했다. 이러한 결승전

결승전을 기다리며
– 강한 열정은 강한 동기

방식은 대회에서 기량이 가장 뛰어난 우승자를 결정하면서 대회의
분위기를 극대화시켰다. 주변 환경의 엄청난 관심과 기대는 검도수
련이 아직 부족하고 시합경험이 미숙한 나에게 큰 부담과 초조, 불안
등 부정적인 자극이 될 수도 있었겠지만 그날은 이러한 심리적 갈등
이나 경쟁불안은 거의 없었다. 검도를 사랑하는 강한 애착과 열정의
높은 동기는 결코 한순간의 심리적 흔들림도 허용하지 않았다.

결승전에서 만난 검사劍士는 나보다 키가 훨씬 더 크고 호리호리
한 외모를 갖추었다. 검도에 대한 집념은 매우 강하고 평소에도 검도
수련을 맹렬하게 수행한다는 정보를 주변사람들로부터 들었다. 여담
이지만 그는 이날 검도시합 이후에도 다른 검도대회에서 2번 더 나

와 경쟁하는 기회를 가졌지만 그때마다 우승의 문턱에서 좌절하여 아쉽게 우승을 놓쳤다. 그러나 결코 그의 검도실력과 수련이 나보다 부족하여 그러한 결과를 낳은 것은 아니었다, 그 대회 이후 그는 다른 대회뿐만 아니라 전국 대회에서도 2번 이상 메달을 획득할 정도로 우수한 검도기량과 열정을 간직한 훌륭한 검우였다.

결승전에서 만난 상대 검사와 열정의 부딪침은 긴박하고 박진감이 넘쳤다. 결승전에서 전달되는 두 선수의 긴장감이 흥미롭게 관전하고 열렬히 자기편 선수를 응원하는 주변사람들에게 생생하게 전이되면서 경기 결과에 높은 관심을 가졌다. 관중들의 적극적인 대회 분위기로 결승전의 긴장은 더욱 고조되었다.

역시 그는 신체적 조건을 최대로 활용하면서 예기치 못한 먼 거리에서도 머리를 공격해 들어왔다. 경기 경험과 검력이 부족한 나는 상대 움직임뿐 아니라 전체 경기 흐름을 제대로 파악하지 못했다. 그저 눈앞의 경기에만 너무 집중하다가 경기장을 벗어나는 장외반칙 2번으로 한판 패를 선고받은 상태였다. 경기 시간 4분이 거의 다 흘러간 상태였다. 그러나 그날 결승전에서는 노련한 경험과 뛰어난 검도 기량보다는 검도에 대한 열정과 강한 동기에서 부족한 다른 부분들을 충분히 보상받았다.

한 판패의 긴박한 순간에서도 결코 패배의 두려움이나 실패의 망설임조차 없었다. 흔들림이 없는 경쟁 심리와 몰입에 가까울 정도의 집중력이 그의 미세한 움직임조차 파악할 정도로 민감하게 작용하였다. 거의 승리를 확신한 상대 선수가 흥분된 상태에서 경기 흐름을 놓치고 있었다. 주어진 4분에서 이제 남은 시간을 감안하여 냉정하게 판단했다면 그는 승부와 관계없는 무의미한 움직임이나 공격을 할 필요가 없었다. 그러나 결승의 긴장감과 높은 흥분으로 정확한 판단을 하지 못하고 거리와 타이밍을 무시한 채 무모한 머리 공격을 시도하였다. 나는 순간의 틈을 놓치지 않았다. 직감적으로 그의 손목을 강하고 짧게 끊어 찍었다. 손목이 경쾌하게 맞는 소리가 울림과 동시에 시합 종료를 알리는 휘슬이 울렸다. 참으로 극적인 타이밍이었다. 상대 선수를 응원하던 관람자들의 입에서 '아~' 하는 아쉬움의 탄성을 쏟아졌다.

　시합은 연장전으로 넘어갔다. 예견치 못한 상황을 마주한 상대 선수는 불안과 긴장으로 근육은 경직되고 혼란스러운 심리상태로 빠졌다. 동작들은 단절된 움직임에서 유연하지 못하였다. 그리고 당황스

부산시장기 우승 – 강한 내적 동기와 주변 환경이 우승의 힘

러운 경쟁 심리에서 판단력과 순발력이 매우 저하되었기 때문에 깊이 없는 산발적인 공격으로 이어졌으며 나의 공격에 대한 반응은 몹시 둔하고 순간적인 대처 능력이 상당히 떨어져 있었다.

짧은 보폭으로 다가서는 나의 전진에 뒤로 한 걸음 후퇴하는 그의 움직임을 따라 강하게 손목, 머리의 연타를 치고 들어갔다. 상대 선수는 다시 뒤로 한 발 물러서면서 손목의 공격은 간신히 피했지만 경직된 신체는 연속으로 타격해 들어오는 머리 공격을 방어할 수가 없었다. 결국 그는 한 순간의 심리적 방심으로 거의 확정된 우승을 놓친 것이다. 결국 1995년도 부산시장기 도장별 검도대회의 개인전 우승은 나의 첫 우승이 되었다.

30대 중반에 검도를 처음 접하는 것은 결코 늦은 시기가 아니다. 일본뿐 아니라 우리나라에서도 쉰이 넘은 나이에 검도를 시작하여 훌륭한 검도인으로서 왕성하게 활동하는 경우가 흔하다. 그러나 취미나 여가활동으로 검도를 수련하는 경우와 강도 높은 수련을 통해 검도경기에서 경험하는 만족과 함께 우승의 결과를 기대하는 검도인의 차이는 사게 Sage(1977)가 언급한 '노력의 방향과 강도'라는 스포츠 동기의 정의에서 찾을 수 있을 것이다.

나는 비록 짧은 시간의 수련이었지만 검도 동기는 누구보다도 높았다. 검도에 대한 강한 애착과 열정은 수련의 강도를 자극하면서 즐거운 성취감을 주었으며 극도의 짜릿한 성취감을 확인하기 위하여 자연스럽게 검도경기의 참가로 방향이 전환되었다. 검도 대회에 참가하여 자신의 능력과 판단을 스스로 체험하려는 방향 설정은 더욱 검도 수련을 강도 있게 실천하는 동기로 작용하였다. 그러므로 검도 수련에서 검도의 방향과 강도는 상호보완적으로 작용하면서 강렬한 동기가 되었다.

검력과 시합 경험의 부족으로 이질적인 경기장의 환경이 엄청난 경기 불안으로 다가올 수 있었지만 오직 검도에 대한 강한 동기, 즉 검도를 사랑하는 열정과 높은 긍지는 촉박한 시합에 있어서도 부정적인 정서 경쟁불안, 걱정, 두려움 등로 경쟁심리가 위축되지 않았다. 이러한 검도의 열정은 오히려 도전적으로 경기 수행을 선호하였으며 주어진 시합에 최선을 다하고 몰입할 수 있는 강한 내적 동기가 되었다.

검도의 동기는 검도를 수련하면서 성취의 목표를 결과지향적 성향보다는 기본과 기술을 철저히 배운다는 과제성향적 성과에 만족하도록 하였다. 검도에 대한 과제성향적 방향은 모험적인 상대나 과제에 대하여 실패를 두려워하거나 기피하지 않았으며 실험적으로 그러한 선택을 즐기게 되었다. 검도 경기에서 많은 패패를 경험할 경우에도 극단적인 좌절보다는 실패를 체험하면서 미래의 발전적인 검도 실력을 위해 긍정적인 시합반성을 하는 동기로 활용하였다.

부산시장기검도대회에서 성취한 첫 우승은 검력에 비하면 의외로 빠른 결과를 얻은 것이라 할 수 있다. 그러므로 경기에서 평소 나보다 검력뿐 아니라 실력이 우수한 선수를 맞이하여 당당하고 심리적으로 흔들림이 없이 어려운 상황을 침착하게 극복할 수 있었던 용기는 검도에 대한 애착과 강한 열정의 동기에서 비롯되었다고 할 수 있다.

검도 수련의 과정에서 보람과 감동의 기쁨도 많이 체험하였지만 기대한 만큼 실망의 고통이 크게 다가왔을 때는 정상적인 검도 수행에 큰 장애가 되기도 하였다. 하지만 검도에 관한 깊은 사랑과 확고한 동기는 지속적으로 검도에 열정을 쏟을 수 있는 내적 동기와 더욱 검도 수련을 열심히 할 수 있는 활력이었다. 그러므로 스포츠 수행에 있어서 동기가 강하면 수련과정에서 경험하는 다양한 어려움을 극복할 수 있으며 새로운 길灘을 지속적으로 찾을 수 있는 강한 에너지가 될 것이다.

스포츠
심리 전략

우수 선수를 위한 스포츠 심리 전략

– 훌륭한 선수는 성실한 인생을 영위한다

스포츠는 도전정신이다

심권호(애틀랜타 올림픽 금메달) – 스포츠의 감동은 정체성을 높인다.

　　최근의 스포츠 심리학자들은 우수 선수와 비우수 선수의 특성을 구분하면서 체력과 기술을 제외한 스포츠 심리기술에서 큰 차이가 있다고 제시하였다.

마호니Mahoney와 아베너Avener 는 1977년 미국 체조선수 남자 국가대표선수를 선발하면서 선발된 선수와 탈락한 선수들이 긴장되는 경기 상황에서 발생하는 심리적 변화에 상황적으로 대처하는 방법을 비교분석하였다. 국가대표선수 선발전에서 탈락한 선수들 보다는 선발된 선수들이 경쟁 스포츠 상황에서 경험하는 경쟁 불안초조, 염려, 걱정 등에 대하여 대처 능력이 매우 뛰어났다. 그리고 경

나타샤 류킨(미, 베이징 올림픽 금메달)
- 인내는 쓰다. 그러나 열매는 아름답다.

기과정에서 비우수 선수들에 비하여 심상과 자화의 심리기술을 더 많이 활용하였다. 특히 훈련을 실천하는 과정에서 객관적으로 타인의 입장에서 자신의 운동 수행을 관찰하는 외적 심상external imagery보다는 주관적인 자신의 관점에서 구체적으로 운동 활동을 상상하는 내적 심상internal imagery을 더 많이 적용하였다. 그리고 경기 상황에서 실패나 경기 결과에 대한 부정적인 예측보다는 긍정적인 자기암시를 더 자주 사용하였다고 주장한다.

고울드Gould는 1992년 미국올림픽 레슬링 대표선수를 대상으로 스포츠 수행에서 사용하는 심리적 전략을 조사한 결과, 우수 선수들

자신감은 최고의 스포츠 심리기술이다.

은 강한 주의집중, 긍정적인 자기암시, 정신연습, 불안대처능력, 심
상 등, 스포츠 심리기술을 경기현장에서 활용하는데 매우 뛰어났다.
그리고 다양한 경기 상황을 경험하면서 우수 선수는 비우수 선수에
비해 심리적 대처전략이 자동적으로 실천되기 때문에 안정적인 심리
상태를 지속적으로 유지하여 자신의 잠재적 기량을 충분히 발휘할
수가 있다는 것을 제시하였다.

　　우수 선수들은 경기상황에서 추상적인 계획보다는 구체적인 전략
을 세우고 있다. 경기 수행에서 경험하는 부정적인 상황이나 예외적
인 상황을 효과적으로 극복하고 자동적으로 대처할 수 있는 방법을
경기 전에 모의연습을 통하여 충분히 훈련한다고 밝혔다.

　　배리 Vealey(1992)는 스포츠 선수들의 성격연구에서 우수 선수는 어

우수 선수의 삶은 아름답다.
(마리아 샤라포바)

떤 경기 상황을 대처하는데 있어 자신에 대한 유능성을 강하게 확신하면서 부정적인 판단보다는 긍정적인 판단이나 예측을 자주한다고 지적하였다.

장덕산[1995]은 우리나라 국가대표선수들과 심층면접을 실시하면서 선수들이 다가오는 시합을 대비할 때 어떻게 심리적 전략을 계획하고 체계적으로 훈련하는가를 조사하였다. 우수 선수들은 우선 자신의 일상에서부터 철저하게 생활 관리를 하면서 규칙적으로 운동을 실천한다. 우수 선수들이 지니고 있는 뚜렷한 목표의식은 적극적으로 연습할 수 있는 강한 내적 동기로 작용하고 있다.

그리고 그들은 주변의 관심에 대하여 부정적인 심리 부담이나 스트레스 등로 인식하는 것이 아니라 심리기술 감정전환, 전환이론, 그리고 인지재구성 등을

이신바 예배(러, 베이징 올림픽 금메달
– 인생은 끝없는 도전

적극적으로 활용하여 긍정적인 정서^{책임감이나 의욕, 패기 등}로 전환시켜 스포츠 수행에서 자신의 실력을 충분히 발휘할 수 있는 강한 동기로 이용한다. 한편 우수 선수들은 체력과 기술에 대한 규칙적인 훈련뿐만 아니라 평소에도 우승에 대한 기대와 꿈을 가슴에 품고 있으며 열심히 노력하면 분명히 목표를 성취할 수 있다는 확고한 신념을 향상 간직한다.

데사^{Deci}와 리안^{Ryan(1985)}은 내적 동기에 관하여 가장 잘 알려진 인지평가 이론에서 '인간은 자신의 능력을 믿는 유능성과 스스로 결정하려는 자결성을 확인하려는 본능을 간직하고 있다.' 고 주장한다. 스포츠 활동에서 유능성과 자결성을 만족시키는 행동이나 판단을 할 때 인간의 내적 동기가 상승하여 운동 수행을 더욱 열심히 할 수 있는 강한 동기가 되는 것이다. 그러므로 지도자들은 스포츠 현장에서 선수들이 적극적으로 스포츠 수행을 할 수 있도록 내적 동기를 촉진시킬 수 있는 계획적이고 과학적인 지도를 해야 한다. 예를 들면, 우선 지도자들은 선수들이 유능성에 대한 자신감을 충분히 가질 수 있도록 운동 수행의 수준을 낮추거나 실천 가능한 목표를 설정하여 성공할 수 있는 기회를 자주 제공해 주어야 한다. 그리고 자결성을 위하여 단체 훈련계획이나 규정 등 중요한 의사결정을 실행할 때 지도자나 관계 임원뿐 아니라 선수 자신들도 동참하여 스스로 결정을 내릴 수 있도록 함으로써 내적 동기를 자극하여 자율적으로 행동을 할 수 있도록 유도한다.

일반인들은 스포츠 활동을 할 때 대부분 외부의 강요보다는 운동 그 자체에 대한 자신의 선호도가 높기 때문에 운동 수행을 열심히 한다. 그러므로 타인의 강요나 외적 보상보다는 스스로 동참하는 스포츠 수행에서 내적 동기가 높아진다고 할 수 있다. 한편 대부분의 우수 선수들도 자신이 스스로 운동을 좋아하고 유능성을 신뢰하기 때문에 내적 동기가 매우 높으나 상금 등 외적 보상에 관한 동기가 함께 작용한다면 더욱 적극적으로 스포츠 수행을 할 수 있는 강한 동기로 작용할 것이다.

운동선수들은 스포츠 활동에서 많은 경기를 수행하고 승패의 결과를 통하여 소중한 교훈을 체험함으로써 더욱 우수한 운동선수로 가능성을 높일 수 있는 계기로 삼는다. 이처럼 경기결과에 대한 분석에서 성공과 실패의 원인을 어떻게 규정하고 판단할 것인가에 대한 이론을 귀인차원 이론attribution theory이라 한다.

와이너Weiner(1986)는 귀인차원 이론을 제시하면서 발생된 대부분의 현상에는 기본적으로 안정성stability, 인과성causality, 통제성control의 3가지 형태로 분류할 수 있으며, 하위개념으로 과제난이도task difficulty, 개인노력effort, 개인능력ability, 운luck 등이 포함되어 있다고 제시하였다.

운동선수들은 자신들이 경험한 경기의 승패에 대한 원인 분석을 하면서 자신에 대한 유능성과 자신감의 평가가 달라질 수가 있다. 이러한 분석결과는 앞으로 운동 수행을 위한 내적 동기에 중요한 영향을 미칠 수 있다.

경기의 실패결과를 분석하면서 그 원인을 통제가 불가능하고 안정적인 개인능력으로 판단한다면 자신에 대한 유능성이 저하되어 운동수련에 대한 내적 동기가 상당히 떨어질 것이다. 만약 통제가 가능하고 내적 노력부족으로 패배의 원인을 인정하고 해석한다면 미래의 운동 수행을 위하여 더욱 열심히 노력할 수 있는 충분한 동기가 될 것이다. 경기의 승리에 대한 분석을 하면서 통제가 불가능하면서 안정적인 자신의 능력을 원인으로 해석한다면 유능성에 대한 확신뿐 아니라 미래의 스포츠 경기에서도 성공에 대한 자신감을 충분히 가질 것이다. 그리고 승리에 대한 분석에서 자신의 성실한 노력을 원인으로 생각한다면 내적 동기가 상승하여 더욱 열심히 운동수련을 할 수 있는 동기로 전환될 것이다. 그러나 성공에 대한 원인을 개인적인 운이나 외적 요인인 쉬운 과제 등으로 판단한다면 불안정적이고 통제가 불가능하므로 유능성과 자신감, 노력에 대한 의욕을 상승시키지 못하기 때문에 다음 스포츠 경기를 준비하는데 자신감이 부족하고 이전 경기의 승리가 동기유발에 크게 도움이 되지 못할 것이다.

선수들은 운동 수행에서 그 결과를 분석하는 방법에 따라서 자신의 정서반응과 미래의 스포츠 활동에 많은 영향을 줄 수 있으므로 실패에 대한 부정적인 분석과 성공에 대한 감상적인 느낌 보다는 긍정적이고 합리적인 귀인분석을 통하여 더욱 우수한 선수가 될 수 있도록 노력해야 한다.

최근에 스포츠 현장에서 많이 응용되고 있는 이론이 성취목표성향이론achievement goal orientation theory이라 할 수 있다.

니콜스Nicholls(1989)는 선수들이 운동 수행에 있어서 과제목표성향task goal orientation이나 자기목표성향ego goal orientation의 방식으로 자신의 능력을 표출한다고 주장한다. 과제목표성향은 운동 수행에 대한 기준이 타인이 아니라 자기 자신이 되는 것이다. 그러므로 운동 수행에 있어서 승패의 경기 결과에 관계없이 건강, 기술, 학습 등이 향상되었다면 유능성과 성취감을 가질 것이며 타인과의 비교보다는 자신이 스스로 부여한 과제 달성에 관심과 노력을 더 많이 가진다. 그러나 자기목표성향은 비교의 대상이 과제 자체에 있는 것이 아니라 타인이 되는 것이다. 이러한 성향을 가진 선수들은 자신의 과제를 훌륭하게 수행을 하는 것보다 절대적으로 상대 선수 보다 더 잘 해야 한다고 생각한다. 그러므로 운동 경기에서 성실한 과정이나 기록갱신보다는 오직 상대 선수를 이기는 결과에 자기목표를 삼는다.

과제성향인 선수들은 과제수행의 성공과 숙달에 목표를 정하기 때문에 운동 경기에서 패배를 경험하여도 절망이나 굴복하지 않고 긍정적인 태도와 높은 내적 동기로 계속 노력하면서 운동 수행을 지속적으로 발전시킨다. 그리고 과제수행의 결과에 대하여 비교의 대상이 타인이 아니라 선수 자신이기 때문에 실패를 두려워하지 않고 일반적으로 쉬운 과제나 평범한 과제보다는 어느 정도 수행하기 어려운 과제를 선택하여 최선을 다하는 경향이 높다.

반대로 자기성향이 강한 선수들은 주어진 과제의 점진적인 숙달보다는 타인과의 결과 비교를 통하여 자신의 성취감과 만족감을 가지기 때문에 강한 내적 동기와 유능성을 갖는 것이 어렵다. 그리고 자기성향이 강하기 때문에 자신의 성공을 타인에게 인식시키기 위하여 비교적 달성하기 어려운 과제 보다는 보다 쉬운 과제를 선택하는 경향이 짙다. 특히 이러한 자기성향을 가진 스포츠인들은 운동 수행에서 타인과 경쟁하여 자신이 승리하는 것이 매우 중요하다고 생각하고 있으므로 스포츠 자체에 대한 흥미나 즐거움은 과제성향을 가지는 다른 운동선수들에 비해 상당히 낮다. 그리고 상대방 선수가 자신보다 강하거나 비교적 실력이 부족하여 자신의 성취의욕을 충분히 만족시키지 못하는 경우 경쟁의욕이 떨어지면서 연습과 노력을 게을리 한다. 또한 경기에서도 집중적으로 경기 수행을 하지 않거나, 심지어 경기를 중도에 포기하는 경우도 있다. 그러나 과제성향의 선수는 실패의 좌절보다는 과제에 대한 숙달을 목표로 하기 때문에 도전적인 과제선택, 지속적인 노력, 높은 내적동기 및 유능성을 갖는다. 그러므로 성취목표성향이론에서 제시하는 우수 선수의 성향을 살펴보면 타인과 비교하는 자기성향보다는 스포츠 수행 과정에 비중을 많이 두는 과제성향이 더욱 바람직하다는 것이다.

테리 오릭Terry Orlick과 파팅톤Partington(1988)은 1984년 하계올림픽과 동계올림픽에 출전한 캐나다 대표선수들을 대상으로 우수 선수들

세계인의 화합, 올림픽 – 스포츠는 위대한 실천적 철학이다.

이 스포츠 수행에서 보편적으로 활용하는 심리적인 특성을 연구하였다. 공통적으로 최고 수준에 도달한 우수 선수들은 시합을 위한 대비보다는 평소에 충분한 훈련을 통하여 체력과 기술을 지속적으로 단련한다. 그리고 미래의 경기 수행을 준비하면서 결과지향적인 목표를 설정하기 보다는 일일 수련과제에 대한 과제지향적인 목표를 구체적으로 계획하여 지속적으로 실천하였다. 그리고 시합을 가상하여 체계적으로 심상훈련imagery training, 자생훈련autogenic training, 그리고 점진이완progressive relaxation 등 스포츠 심리기술훈련에 많은 관심을 가졌다.

모간Morgan(1987)은 우수 선수와 비우수 선수들은 경쟁적인 스포츠 수행을 하면서 어떤 성격 특성을 소유하고 있는지를 다양하게 파악하였다. 이러한 자료를 비교 연구하여 어떤 요소의 성격에 따라서 성공

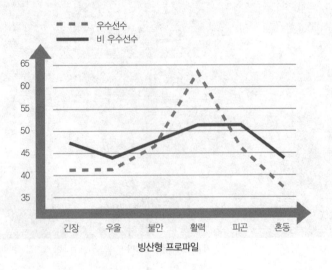

빙산형 프로파일

적인 선수가 될 수 있는지를 예측할 수 있는 정신건강모형을 개발하였다. 모간Morgan은 자신이 개발한 정신건강모형을 기준으로 평가하면서 긍정적인 정신건강을 소유한 선수가 직접적으로 성공의 가능성과 우수한 경기력을 수행할 수 있다고 주장한다. 그리고 그는 다양한 종목의 선수들을 대상으로 조사한 결과에서 우수 선수들은 비우수 선수들에 비하여 빙산형 프로파일iceberg profile의 성격특성을 소유하고 있다고 주장한다.

그림에서 나타나듯이 우수 선수들은 빙산형 프로파일에서 긍정적 특성으로 활력은 전체 평균보다 높게 위치하지만 부정적 특성인 긴장, 우울, 분노, 피로, 그리고 혼동의 점수는 전체 평균보다 낮다. 반면에 비우수 선수들의 심리적인 요인들은 대체적으로 평균정도의 점수를 유지하고 있다. 그러므로 비우수 선수들은 부정적인 경쟁 심리상태로 인하여 운동 경기에서 자신의 실력을 충분히 발휘하지 못하고 있으나, 우수 선수가 되기 위하여 경쟁적인 스포츠 수행에서 발생되는 부정적인 심리상태긴장, 불안, 초조, 공포, 두려움 등를 잘 극복해야 한다. 그리고 활력, 적절한 각성, 주의집중, 자신감 등 긍정적인 심리로 유도하여 자신의 잠재적인 운동기량을 최대로 발휘할 수 있어야 한다.

특히 캐나다의 스포츠 심리학자인 테리 오릭Terry Orlick(1986)은 우수 선수들이 경기 수행을 하면서 공통적으로 활용하는 보편적인 심리 특성보다는 선수 개개인들이 갖는 경쟁 심리의 장단점을 연구하여 철저히 스포츠 심리기술을 훈련시켰다. 선수들에 대한 오릭Orlick

의 심리기술훈련은 '시합반성'이라는 질문지를 활용하여, 선수가 최고의 경기력을 수행했을 때와 최악의 경기 수행을 했을 경우를 스스로 반성하는 방법이다. 따라서 최악의 경기 수행에서 경험한 부정적인 심리상태를 효과적으로 극복하고 최고의 경기를 수행했을 때 경험한 심상, 주의집중, 호흡, 불안감소, 적정 각성 수준 등 경쟁 심리상태를 구체적으로 파악하여 체계적인 스포츠 심리 전략을 확립하는 방법을 실시하였다.

스포츠 수행에서 스포츠 심리학자, 지도자, 우수 선수들의 스포츠 심리기술에 대한 전략을 총체적으로 판단해 보면 주의집중, 내적 동기, 긍정적 자기암시, 심상, 유능성, 자결성, 자신감, 목표의식, 불안감소, 결단력 등의 스포츠 심리적 특성이 상당히 우수하다. 선수들은 이러한 스포츠 심리기술들을 평소에 충분히 훈련하여 경기 상황과 선수 개개인들의 특성에 알맞게 활용해야 더욱 긍정적인 효과를 얻을 수 있다. 그러므로 훌륭한 선수들은 훈련과정과 경기 결과에 있어 결과지향적인 성향보다는 과정지향적인 성향에 더 큰 비중을 두고 있다. 현장에서 경험하는 경기 결과에 관하여 절대적인 평가보다는 경기력을 높이기 위한 훈련과정이라고 스스로 생각한다. 그들은 우선적으로 과정지향적인 훈련을 실천하기 위하여 일상 속에서 철저한 생활 관리가 가장 중요한 요인이라는 공통된 견해를 가지고 있다. 한편 스포츠 현장에서 지도하는 많은 지도자들도 다양한 스포츠 심리기술에서 철저한 자기관리에 대한 중요성을 충분히 인식하고 있다. 다시 말하면 우수한 선수들은 시합에서 뛰어난 경기력

을 최대로 발휘하기 위하여 평소 개인의 생활에서도 건전한 사회활
동과 성실한 노력을 기울여 과제에 도전적이고 점진적인 발전을 이
루어야 한다.

참고문헌

강만식. 『현대생물학』. 서울: 광림사, 1982.

김성옥. 『스포츠 행동의 심리학적 기초』. 서울: 태근, 2003.

김진구. 「알파자기조절 전략을 통한 최대수행 유지와 심리적 위기극복」. 서울: 한국 스포츠 심리학회지. 2002.

박문호. 『뇌 생각의 출현』. 서울: 휴머니스트. 2008.

이봉건. 「바이오피드백이 가미된 이완 및 호흡조절에 의한 스트레스 감소」. 서울: 한국심리학회지 임상. 2006.

이홍식. 「뇌전위 피드백을 통한 이완훈련이 30m 양궁수행과 시합 전 상태불안에 미치는 영향」. 서울: 서울대학교 석사학위논문. 2002.

장덕선. 「우수선수 최고수행의 심리적 경험: 심층적 접근」. 서울: 미간행 박사학논문. 1995.

정창용. 「뇌파조절을 통한 집중력훈련이 테니스 경기 수행력에 미치는 영향」. 서울: 서울대학교 석사학위논문. 2001.

정청희, 김병준. 『스포츠 심리학의 이해』. 서울: 금강. 1999.

Mark R. Rosenzweig. Arnold L. Leiman(1986.장현갑 역). 생리심리학, 교육과학사.

Scott K.Powers. Edward T. Howley(2006. 최대혁외2 역). 파워운동생리학.

Susan Greenfield(2005.정병선 역). 브레인 스토리

Deci, E.L., & Ryan, R.M.(1985). Intrinsic motivation and self-determination in human behavior. NY: Plenum.

Easterbrook, J.A.(1959). The effect of emotion on cue utilization and organization behavior. Psychological review.

Gould, D., & Krane, V.(1992). The arousal athletic performance relationship: Current status and future directions. In T. S. Horn(Ed.), Advances in sport psychology Champaign, IL: Human Kinetic Publishers.

Hanin, Y.L.(1980). A study of anxiety in sports. In W. F. Straub(Ed.), Sport Psychology: An analysis of sport behavior. Ithaca, NY. Mouvement.

Hardy, L.(19990). A catastrophe model of performance in sport. In J.G. Jones & L. Hardy(Eds.), Stress and performance in sport. Chichester, England: Wiley.

Landers, D.M., & Boutcher, S.H.(1986). Arouse performance relationshps. In J. M. Williams (ED.), Alllied sport psychology: Personal growth and peak performance. Palo Alto, CA. Mayfield.

Locke, E.A.(1986a). The relationship of intentions to level of performance. Journal of Applied Physiology.

Locke, E.A.(1986b). Toward a theory of task motivation incentives. Orgnizational Behavior and Human Performance.

Nicholls, J.G.(1989). The competitive ethos and democratic education. Cambridge, MA: Harvard University Press.

Mahoney, M.J., & Avener, M.(1977). Psychology of the elite athlete: An exploratory study. Cognitive Therapy and Research.

Martens, R.(1987). Coaches guide to sport psychology. Champaign, IL: Human Kinetics.

Sage, G.H.(1977). Introduction to motor behavior: A neuropsychological approach. Reading, MA: Addion–Wesley.

Steiner, I.D.(1972). Group process and productivity. New York: Academic Press.

Teric Orlick & Partington(1988). Mental links to excellence. The Sport Psychologist.

Vealey, R.S., & Walter, S.M.(1993). Imagery training for performance enhancement and personal development. In J.M. Williams(Ed.), Applied sport psychology: Personal growth to peak performance. Mayfield.

Weinberg, R.S. & Gould, D.(1993). goal setting in sport and exercise: A reaction to Locke. journal of Sport & Exercise Psychology.

Weiner, B.(1992). An attribution theory of motivation and emotion. NY: Springer–Verlag.

Widmeyer, W.N. 외2(1993). Group cohesion in sport and exercise. In R.N. Singer, M. Murphey, & L.K. Tennant (Eds.), Handbook of research on sport psychology. New York: Macmillan.